葛和満博さん、ならびに氏の事業会社である株式会社ジャスマックへの興味がいやがおうにも高まらざるをえなかった。そして、そこから私は氏の著作を読み漁った。

本書でじゅうぶんに書かれているため簡単に記すものの、ジャスマックのビジネス・エコシステムは次のとおりだ。ジャスマックに共鳴したオーナーからの出資で、専門家たるジャスマックが立地を選択し、店舗づくりまでを担う。さらにその店舗は飲食店経営を志すひとたちに貸し出される。飲食店経営者側は、適正な賃料支払いだけでよく、多大な出店資金の用意もいらない。あとは人間力を使って常連客を集めていく。

ジャスマックは安定した集客が見込まれるビルを有することで、オーナー側にも配当が遅れたことがない。かつ、経営者側はもし失敗しても飲食店を返せば、それ以上のリスクを負うことはない。

この一連の仕組みには、前述した、「企業における所有と経営の分離」だけではなく、すべてが書かれているように感じられた。葛和さんがおそらく嫌うであろう流行語で解説するなら、資本主義市場では各人がもっとも強みを発揮できる領域で闘えという「コアコンピタンス経営」、起業のリスクを最小限にして店舗経営者を増やし失敗したとしても許される「再挑戦社会」への眼差し。成熟社会においては量ではなく質を追求すべきとする「脱成長戦略」。企業や商品ではなく、これからは生身の人間にお客が惹きつけられるのだという「人間回帰」。

二〇一七年に葛和満博さんと対談しませんか、とお誘いを受けた際、その偶然に驚いた。私は氏の書籍をおおむね読んでいることを伝え、それ以降、機会があるたびにお会いする関係となった。

繰り返す。奇跡的な人物とどうやって出会うのだろうか。もちろんそれは、奇跡的に、である。

昭和から平成、令和にいたるまで、氏はつねに世の資産形成の常識に異を唱えながら、そして実践を重ねてきた。全身をもってビジネスとふれあい、そこで培った経験を次に応用する。氏と会うと、会話の内容以上に、氏から感じられる情熱がすべてを物語っていた。

二〇一九年のはじめ、私は、葛和満博さんからひさびさに会いませんか、と打診を受けた。いつもどおり矍鑠とした声には、進化を諦めるかけらもない。私はそこで、氏の、資産形成に関わる読書量に感嘆させられることになった。

身を削らなければ、ものごとに真正面から向き合うことはできない。全身全霊で事業に取り組み考え抜くこと。銀行預金から不動産投資、ＦＸから仮想通貨まで、恐るべき情報の洪水に身をさらすことで、一切の妥協をおのれに許さなかった資産形成の革命家にふさわしい老兵士がそこにはいた。

三たび繰り返したいと思う。奇跡的な人物とどうやって出会うのだろうか。もちろんそれは、奇跡的に、である。

フィリピンのカジノにて

話が変わるようだが、背広にまとわりついてしまった煙草の臭いのように、私に染み付いている思い出がある。

一年前、私はそのとき、フィリピン・マカティの中華料理店で遅い夕食を囲んでいた。時間は二二時になろうとしていた。私、ビジネスパートナー、知人、ミスター・ホンの四人だった。ミスター・ホンはカジノで働いていて、私の知人を担当していた。ＶＩＰをアテンドする仕事で、韓国で生まれながら、完璧な日本語と中国語を話した。

話の内容は、フィリピン経済から日韓関係や日本の景気浮揚策にまで及んだが、私が訊きたかったのは、その夕食前に見た奇妙な光景についてだった。カジノのＶＩＰルームでは一度に信じられない金額が賭けられるが、その隣を清掃するスタッフの給料は月三万ペソ（六万円）だという。

「どういう気持ちで清掃しているのでしょう」。私の問いに、紹興酒を飲みながら、醒めたような声でミスター・ホンはいった。「何も考えているはずはありません。これは仕事です」「世の中には、金持ちと貧乏人がいる。貧乏人はどんな仕事だってやる必要がある。それだけのことです」。その声は、事実を伝えているだけのようにも聞こえたし、なにかひどく乾いたものも感じられた。

多くのカジノでは一般客が入場する入り口と、VIP用の入り口がわかれている。当然、VIPになるためには紹介か、多額のカネを突っ込む必要がある。私の知人は少なくないカネを「投資」していた。

VIPルームはかなりの広さで、バカラに興じることができる。しかし、面白いのは、プライベートルームに行くと、スタッフがカジノに興じているように見える。

「天井を見てください。そこにカメラがあります」。この状況はウェブを通じて実況され、そのスタッフは遠い国からの指示を受けて、代理で賭けているというわけだ。そこにはプラスチックのバーが何十枚も置かれていた。「この一枚が一〇〇〇万円以上します。だから、いまの時点で何億円ものお金が賭けられています」。ネット経由ではなく、この場に来るVIPたちは大金を背負ってやってくるという。「現金を運んでくるわけですか」。「いろいろなやり方があります。たとえば、ロレックスを何個もクレジットカードで買って、その場で、わずかな手数料で買い戻してくれる店があったらどうでしょう」。ミスター・ホンは笑いながら教えてくれた。「さまざまな方法があるんです」。

ミスター・ホンは饒舌だった。「VIP客は、親の遺産を食いつぶしていないかぎり、やはりビジネスを持っていてキャッシュが入ってくるひとがほとんどですね」。彼は遠くの一人を指差し、韓国の有名な起業家だと教えてくれた。

その場では、私たちの会話を気にするようなひとたちは誰もおらず、何億円もの掛け金が次々と飛んでいっていた。その光景を、私はうまく理解できずにいた。

ただ、その場で見たVIP客たちの下卑た微笑だけは、なぜか脳裏に焼き付いた。

上海のスーパーマーケットでの光景

ちなみに、カジノ視察のほんの数週間後のことだ。

私は上海のスーパーマーケットにいた。アリババが出資するフーマーフレッシュという店舗だった。アリババは中国のIT企業で、そのスーパーマーケットは自動レジ、デジタルサイネージから、かなりの工夫がほどこされていた。しかし、それは今回の趣旨ではない。私たちは、そのスーパーマーケットをひととおり見学したあと、フードコーナーで昼食をとっていた。私、もうひとりの見学者、ガイド、運転手の四人だった。正直にいえば、とくに美味しかったわけではない。豚の角煮と、あらっぽい牛肉の炒め物に、焼きそばに、エビの揚げ物。

近場の住民たちも来ているため、いわゆる庶民の日常が広がっていた。隣の女性は二十代らしき服装で、ずっとスマートフォンから目を離すことはなかった。彼女はチャーハンを食していたものの、半分を残して、SNSに夢中だった。

そんなとき、七十代の女性がカートを押しながらやってきた。ピンク色の笑ったウサギのキャラクターがプリントされたTシャツを着ていた。その老女は、SNSに夢中の女性に話しかけた。若い女性は、少しの逡巡のあとにうなずいた。すると、老女は迷いなく、残飯を手にとり、そのまま、若い女性の箸で、そのままチャーハンを食べ始めた。

さらに、老女はビニール袋をさっと取り出して、残飯をそのビニール袋にいれはじめた。

老女は、あたかも、それが当然のように作業を終えたあと、若い女性にお礼をいうこともなく、ゆっくりとそこを立ち去った。若い女性も、スマートフォンとにらめっこを続けるばかりで、顔をあげ老女を見つめることはなかった。

ほんの一分間くらいの出来事だった。

上海は経済成長を続け、豊かな社会になった。しかし、全員が豊かではない。だから、そのように日常の食事に苦しむひとがいるのは想像に難くない。いや、どちらかといえば、あらためて書くべき内容ではないかもしれず、そこらへんにありふれた光景なのだろう。さらには、日常をなんとかやり過ごさなければならない老女に、私は失礼ながら驚きをもっただけなのかもしれない。

アリババの出資するハイテクな、そして日本からきた私たちが驚愕するスーパーマーケットと、まだ残飯を乞う老女とが共存する社会。その明暗のそそり立つさまに、私はなにか感じることがあった。

私たちが生きていく道

私の思い出を二つ紹介した。富めるものと、貧するもののエピソードだった。ありていにいえば、インターネットの普及と経済のグローバル化は、大量の勝ち組と負け組を生み出すにいたった。私がフィリピンのカジノ、上海のスーパーマーケットで見た様子などは、世界規模で起きている大規模な変化のささやかな一例にすぎない。

全員が貧しかった時代から、超絶な格差社会への移行。だいぶ前から、そんなことは予想されていた。それが現実化しただけのことだ。

ただ、それでもなお、この現状を目の当たりにして、私は考えさせられた。当然だが、どんなに伸びゆく社会にも、一様な幸福がもたらされるわけではない。おなじ社会でも、富めるものと、貧するものがいる。

私は馬鹿者だから、こんな簡単なことも気づかずにいた。

私たちは世界でもっとも豊かな国に生まれている。しかし、その豊かさや、輝きは、戦後たった数十年のみ実現した、たまゆらであることも、わざと気づかずに生きている。アジアや中国では、その成長の歪みが、さまざまな格差を生み出している。日本でも、そのような光景が同様のものになるかもしれない。

そして、私たちはどのように生きていけばいいだろうか。カジノに大金を捨てる大富豪になるのも現実的ではないかもしれない。さらに、かといって上海の老婆のように糊口をしのぐような呻吟をしたくはない。

現実的な回答はなにか――。

本書で葛和さんは現実的な経済的自立を勧めている。

〈国が相手ならば、少なくとも年金は要らない、くらいの自立であり、会社が相手なら、いつリストラされても困らないと言えるほどの自立である。（中略）といっても、大金ではない。（中略）持ち家のあるなしや家族構成で多少事情は変わるものの、年金や給料にプラスして、毎月、安定して一定額のお金が入ってくれば、いざというときに十分備えられるのではないだろうか。（中略）大金よりも、むしろ必要な額のお金が、毎月定期的に、手に入ってくるほうが気持ちもまた安定するのである。〉

そして、私はこの氏の姿勢に賛同したい。

このところ、投資家が自分の経験を公開しながら、いかに資産家になったかを喧伝する書籍があふれている。しかし、その大半は市場の波に乗っただけで、そこになんの再現性もない。あふれるのは偶然だけで、なるほど貧寒とした術が、先行きをなくした日本的といえなくもない。

と同時に、老後に年金だけでは二〇〇〇万円が不足になるので、政府が悪い、年金システムが悪い、といった言論も溢れている。そこには、自らの創意工夫で生き抜こうという気概のかけらもない。

つまり日本には大富豪のなり方を指南する詐欺と、その真逆かのように、国家や他者のみへの依存が覆っている。しかし現実的な回答は、その中間にあるのではないだろうか。そしてさきほど引用した文章が代表するように、それこそが、葛和さんが事業家人生をかけて伝えたかったことであり、それを具現化したのがジャスマックだと思うのだ。

葛和満博さんが伝えたかったこと

葛和さんは、オーナー、自社、店舗経営者の三者がすべて利するビジネスではないと長続きしない、と力説する。短期的な騙し合いならともかく、社会的に意義のあるビジネスモデルではないと永続的であるはずがない。実際に半世紀近くにわたって葛和さんはこのビジネスを続けてきた。

氏には関係者と事業にたいする愛がある。そして氏の愛が深いほど、私は危惧せざるをえない。愛は対象者を優しく包み込む反面、愛に包まれた人間たちは、その愛なくしてはまともに歩けないほど足腰を弱めてしまうかもしれない。ここに愛の残酷さがある。

本書を拝見する限り、葛和さんはこれまでのノウハウや想いをすべて記したうえで、もはや事業の経営を次世代に渡そうとしているとすら感じる。氏の不在のままでジャスマックは持続しうるだろうか。氏の愛がない世界においても、持続しうるだろうか。氏の愛がない世界においても、ジャスマックや「店舗銀行」が持続するとすれば、それは氏が次世代に愛を伝授できていた限りにおいてではないだろうか。

愛も事業も、今いるところから自分を別の場所へ連れていく。どちらも、甘いだけのはずはなく、ときに哀しい味がするにちがいない。愛も事業も、その哀しみを乗り越えるためには、ある種の覚悟が必要ではないかと私は思う。

ところで、私はなんどか葛和さんと食事をともにしたことがある。

あるとき、「会長がもし現代に生まれていたら、どんな事業をはじめますか」といった私のささやかな質問に、「うーん。それがねえ……」と、氏が回答に詰まったことがあった。

それまでどんなに難しい質問にも、私の意外な話題転換にも、すべて即答していた氏の逡巡を私ははじめて見た。そして、「もし」といった仮定を受け入れられないほど、氏にとっては「店舗銀行」という事業で世に飲食店経営の革命を問うた運命以外はありえなかったように思われた。

この逡巡を通して、逆説的に伝わってくる強い想いに、不意に私は胸を衝かれた。この逡巡が、本書を象徴しているように私には思われたからだ。「飲食店以外にも、ビジネスはあったかもしれない。しかし、これが最高の事業と信じることが、生きる情熱をもたらす」会長の逡巡を見てから、このジャスマック、「店舗銀行」というビジネスが、氏の人生だけではなく、オーナー、店舗経営者の人生への覚悟によって成立していると思うにいたった。

誰がやっても簡単に儲かる話などあるはずはない。本書には感動的な飲食店経営者のインタビューが掲載されている。それは感動的でありながらも、経営が平坦ではないことを教えてくれる。もちろん、実際に飲食店を経営していれば、予想外のことが起き、計画は外れ、トラブルも日常茶飯事であるにちがいない。そのうえで、飲食店経営者は飲食店という自らの運命を選択している。

飲食店の経営は、他の何にも代えがたい愉悦をもたらす。何よりも自らの腕で稼げる。さらに、個人経営ゆえに、お客とのつながりができる。お客との奇跡の出会いが待っている。奇跡的なお客とどうやって出会うのだろうか。もちろんそれも、奇跡的に、であるにちがいない。

もしかすると、氏が伝えたかったのは、たったこれだけのことではないか。

飲食店経営は、その性質上、騅逝かぬことがある。

ただ、それでもなお、飲食店経営に希望を持つことはできるのだ、と。

坂口孝則
（さかぐち たかのり、一九七八年・佐賀県生まれ）

大阪大学経済学部卒業後、メーカーの調達部門に配属される。調達・購買、原価企画を担当。バイヤーとして担当したのは二〇〇社以上を越える。現在、調達・原価・コスト削減領域のコンサルティング、研修講師に従事、企業での講演も行う。未来調達研究所株式会社 コンサルタント。朝の情報番組『スッキリ』（日本テレビ系）、『データで解析！サンデージャーナル 東海地方の「缶詰」事情を徹底調査』（テレビ愛知）などで、コメンテーターとして出演中。

著書に『調達力・購買力の強化書-この本こそがバイヤーの最強ツールだ！-』（B&Tブックス）二〇一四、『〝とびきりやさしい〟ビジネス統計入門』（B&Tブックス）二〇一四、『仕事の速い人は150字で資料を作り3分でプレゼンする。「計って」「数えて」「記録する」業務分析術』（幻冬舎）二〇一五、『日本人はこれから何にお金を落とすのか？』（幻冬舎plus+）二〇一六、『決定版！「調達・購買」戦略の教科書』（B&Tブックス）二〇一七、『調達業務の価格査定にAI（機械学習）を使う方法』（未来調達研究所）二〇一八、『未来の稼ぎ方 ビジネス年表2019-2038』（幻冬舎新書）二〇一八、『ドン・キホーテだけが、なぜ強いのか？』（PHP研究所）二〇一八、『調達・購買の教科書 Part2 インフラ系企業〈電力、建設、エンジニアリング企業〉編』（B&Tブックス）二〇一九、『日本人の給料はなぜこんなに安いのか ～生活の中にある「コスト」と「リターン」の経済学～』（SB新書）二〇一九、他

はじめに――本書出版の目的

利益を分け合う相互扶助の協働事業

本書籍は二〇一八年一月一七日に発行された『「投資家」にも「経営者」にも小さな飲食店は最強の生き抜く力』に、新たな情報として、ジャスマックが札幌や長崎で展開している「店舗銀行」®システムを使って開業した店舗の経営者の皆様の声、また近隣の商店連合会の皆様からの評価・御支援の声を増補し、新刊として発行したものである。

「店舗銀行」システムとは、飲食店舗所有者と飲食店経営者が、互いに自分が持つものを提供し合い、持たざるものは補い合って、一つの目的を達成していくという、相互扶助の関係を形成するための仕組みである。つまり、お金がある人はお金を出し、人間力のある人はそれを提供するというものだ。

それによって働く舞台をつくり、世の中に楽しみを生み出す。お金も稼ぎ、夢も実現する。まさに相互扶助のシステムなのである。

飲食店経営者は、開業資金としては極めて少ないお金を用意すればいいし、その店舗を舞台に存分に自分の人間資本を発揮し、家族で協力し合い、「店舗銀行」に一定の家賃を払った後の儲けは制限なく自分で得ることができる。

このオーナーと店舗経営者が腕を組む相互扶助によって成り立つ仕組みを可能にしているのが、「店舗銀行」システムのノウハウなのである。相互扶助の考え方は、古くから日本に存在した。頼母子講《たのもしこう》や無尽《むじん》、あるいは結《ゆい》などという名で呼ばれたこの仕組みは、人々の信用で成り立つ、日本独特の庶民の助け合うシステムである。

こうして「店舗銀行」システムは、「不労所得を得たい」という人に、五〇年近くにわたって一度の遅滞もなく、毎月、配当を支払い、一方、「飲食店を持ちたい」という意欲と力に溢れた人たちに、その舞台を提供して、働くチャンスを創出し続けてきた。

さまざまな人が、「店舗銀行」システムを通じて夢を実現してきたのである。

拡大志向ではなく質の向上をめざす

「店舗銀行」システムは、なぜ、五〇年も継続できたのか

「店舗銀行」システムという仕組みは変化の激しい時代にあって、なぜ、半世紀もの長きにわたって継続し、成功裏に運営されてきたのだろうか。

働く場の創出や地域経済の活性化など地域と社会への貢献もさることながら、「店舗銀行」システムがゆるぎない基盤を確立してきた理由の一つには、これまで量・規模の拡大をめざすのではなく、ひたすら質の維持、充実・向上に意を用いてきたことが挙げられるだろう。

『ジャスマックは「**適正規模の事業**」を志向しています。

一般に企業が大きく成長するためには、株式を公開し、直接、金融マーケットから資金を調達します。しかし一旦上場すると、企業は常に売上高や業績で株主に応え続けなくてはなりません。

その結果、上場企業の経営者は、絶えざる事業の拡大を宿命付けられます。

しかし、経済のグローバル化が進む中、人・モノ・金・市場のバランスを取りながら事業

を拡大し、生き残ることは並大抵ではありません。

加えて為替レートや金利の変動のみならず、関税問題、規制強化、急激な市場の変化など、経営努力だけでは対応できない問題も多々あります。その結果、経営のバランスを崩し、破綻する企業が後を絶ちません。

ジャスマックは、そのようなリスクをオーナーの皆様におかけするわけにはまいりません。したがってジャスマックは、単なる事業拡大にとらわれず、経営者自身が最後まで責任を負うという覚悟で、「適正規模の事業」をめざしています』

事業が宿命的に拡大志向をもたなければならない業種は多い。また、拡大していかなくては、激しい競争の中で脱落してしまう業種がほとんどだ。

家電業界しかり、量販店、外食産業しかりである。時にM＆Aを繰り返しながら、量や規模の拡大をめざすことになる。

しかし事業は一方で、資金力、商品力、従業員など経営資源のバランスである。どれほど拡大しようとも、行き着く先はバランスの良否である。

この面から現実を考えると、拡大しつつ経営のバランスを取ることは、極めて難しいものだと理解できる。

特に時代の流れは速い。量・規模を拡大し、社員も多くなるというのは、それだけリスクも大きくなるということに他ならない。労務トラブルなども昨今はよく聞く話だ。

ところが「店舗銀行」システムは、前に述べた通り、こうした拡大志向とは無縁だった。適正規模を守りながら、手堅く経営のバランスを取り、質の充実と向上にのみ集中した。大きくするというよりも、力があるうちに問題のありそうな物件の整理をし、収益性の高い不動産に集約してきた。

また商業ビルは計画的にメンテナンスを繰り返していかないと、老朽化し、集客に影響する。「店舗銀行」システムは、そうしたリスクを熟知して、オーナー（投資家）に頼らず、常に質の維持・向上を、自ら図ってきたのである。

ちなみに、私自身戦前、戦後とさまざまな苦労を重ねたおかげで事業が最悪の事態を迎えた場合の想定が、常に働く。つまり、誰にも迷惑をかけないことが事業の前提である。大切なのは、人と資本、そして信用であると確信している。

この前提で事業を進めるから、常に自制心が働く。それが徹底したリスクマネジメントに繋がっているのである。

五〇年以上にわたって「店舗銀行」システムが継続した理由の根底にこの想いがあるのであり、長い年月を超えて、「店舗銀行」システムという事業が健全に機能し続けている背景に他ならない。尚、現在は運用資産の八〇%以上を「店舗銀行」が所有している。

二〇一九年一二月吉日

葛和満博

本書は不動産投資の一つの商品である「店舗銀行®」の仕組みについて、その情報提供を目的としたものです。本書の内容は、二〇一九年一二月一日現在のものであり、予告なく変更されることもあります。

本書の内容は、正確を期するよう万全の努力を払いましたが、その内容を保証するものではありません。

また、これらの情報によって生じたいかなる損害についても、株式会社ジャスマックおよび葛和満博、株式会社ダイヤモンド・ビジネス企画、株式会社ダイヤモンド社は一切の責任を負いません。

投資に関する最終決定は、ご自身の判断でなさるようお願いいたします。

また、本書に登場する店舗所有者、店舗経営者のコメントについても、あくまでも個人の感想であり、その内容を保証するものではありません。

目次

第2部 for owner

「店舗銀行」システムの仕組みとその活用

第3部 case study いま、全国で進む「店舗銀行」システムを使った地域再生

《OWNERS VOICE》

第1部 INTRODUCTION

「店舗銀行」システムは補い合いと協働のシステム

——小規模飲食店に特化したビジネスモデル

1.「店舗銀行」システムは、こうして生まれた

初めに、「店舗銀行」システムを開発し、運営してきた思想が端的に表現されている当社（株式会社ジャスマック）の企業理念をご紹介したい。

「店舗銀行」は過去五〇年近くにわたり、飲食・ホテルなどサービス業に的を絞り、人間の魅力・人間の働きが儲けの決め手を握る、
「店舗銀行」システムによる
ユニークな資産運営ビジネスに取り組むとともに、
資本が無くても開業できるチャンスを、
やる気のある多くの経営者に提供し続けてまいりました。
「店舗銀行」は、今後も、独自の開発手法と
運営管理システムによる不動産マネジメント事業を
積極的に推進してまいりたいと考えております。

それぞれに持てるものを、有効に結び合わせて
発展させることこそ、
新しい生存のためのノウハウであり、
既存のパワーに対抗できる強いパワーに
なりえると確信致しております。

それぞれが「持てるもの」を「有効に結び合わせ」、「発展させる」、つまり補い合い、協働して生きることができれば、それがもっとも望ましい生き方である。

企業理念で私が訴えたいところは、この点だ。

「店舗銀行」システムは、まさに補い合い、協働する仕組みなのである。

「店舗銀行」（商標登録第４５６５３９１号）のシステムは、一九六一（昭和三六）年に、私自身が飲食店経営に散々苦労した経験の中から生まれたビジネスモデルである。

ひと言で表せば、

「飲食店の店舗をつくり、貸す、つまり所有と経営の分離」

である。

その後、どのような変遷を経て、現在の形になったかを紹介したいが、実務の中でさまざまな検証を行ない、多くの修正を施しながら、五〇年以上、進化し続けている。

現在、札幌、青森、東京、福岡、熊本、長崎の繁華街一等地で、飲食店ビルやホテルを展開している。

さて、この「店舗銀行」がどのような紆余曲折を経て進化し続けてきたのかを、次に詳しくご紹介しよう。

「店舗銀行」システムの誕生　基本の発見

貿易業、不動産業を経て飲食業の世界に入り、

次々と飲食店をオープンしてゆく中で

飲食店は計数ビジネスであることと

舞台（店舗）と役者（経営者）の役割に気付き

飲食店舗の「所有」と「運営」を分離し、両者を「マネジメント」する

飲食業を選んだ四つの理由

私は大学入学とともに上京し、すぐに、学生でありながら得意の英語を生かした貿易業で起業し、その後外国人専門の不動産の仲介業も行なった。

やがて、それまでの蓄えを元手に、三〇歳のときに飲食店を持った。その時、あれこれと考えた末に飲食業を選んだのである。

なぜこの時、飲食業を選んだのかには四つの理由がある。

第一に、まずは収入の安定した仕事がしたかったことだ。

飲食店なら、時にはツケ払いもあるが、原則現金収入だ。

それまで経営した貿易や不動産の仲介などのブローカービジネスでは成約した際の手数料収入しか期待できず、収入が不安定だった。それに比べれば、飲食店ははるかに堅実な仕事ではないか。そう考えたのである。

実際に飲食店を始めて、改めて私は日銭商売の強さを、つくづくと感じることになる。

第二に、自分の城を構えて商売をしたかったことだ。

飲食店の店舗は、経営者の城である。

しかも店舗はそれ自体、財産としての価値もあった。

つまり、保証金を払ってビルオーナーから借りたスペースであっても、内装設備に投資すれば、店舗の造作権は家主の同意が得られれば売買もできる立派な資産なのである。

しかも一度開業すると、繁盛している限り、店舗は常に現金収入を生み続けてくれた。

第三は、今でこそ大企業も飲食事業に入ってくるようになったが、当時は飲食業に大企業が参入してくることなど、考えられない時代だったことだ。

大企業と戦う必要がないということが魅力だった。

貿易業を営んでいた時代に、零細企業が大企業に立ち向かうことの難しさを、私は身に染みて知らされた。儲かると見た分野で先に事業を始めても、大企業が本格的に進出すれば、零細企業などはたちまち蹴散らされてしまう。

しかし、当時は飲食業を不確実な商売として、一段下に見る風潮や、製造業中心でサービス業を軽視する大企業の体質からいって、飲食業は大企業が当面は進出する業界ではないだろうと考えたのである。

第四に、これからは飲食業が儲かる時代になるという、経営者としての予感もあった。

当時は、高度成長期の真っただ中であった。後に首相となった福田赳夫氏が「昭和元禄」

と呼んだ、ぜいたく志向時代が始まろうとしていた。ただ飲み食いするだけではなく、高級感のある飲食店への需要があるはずだとの思惑もあった。

以上のような理由を背景に、飲食店への転身を決意した私は、それまでの実績で得た資金を元手に、次々と飲食店をオープンしていった。バー、スナック、喫茶店、大衆割烹、レストランなど、業種はさまざまだった。特にどのような店をやりたいというのではなく、手に入れた店舗の立地に応じて業態を決め、次々と開店した。

私の狙いは当たった。

飲食店は確かに面白いように儲かった。高度成長期を迎えた日本では、企業の業績が上がり、人々の所得が増えていった。

お客はどんどんお金を落としてくれたのである。

現金商売の強みである。

店の運営は店長に任せきりだったが、それぞれの店舗は、いずれもお金を生むキャッシュマシンのようなもので、毎晩、少なくない日銭が入ってきた。若かった私は、友人を引き連れて飲み屋を渡り歩き、どんちゃん騒ぎをするなどということもあった。

難しい問題が続出……

しかし、バカ騒ぎのできる時代は、そう長くは続かなかった。

競合店の出現、人件費の高騰、人事管理の難しさなど、各店舗とも問題が続出し始めるようになったのだ。

黙っていても、飲食店が儲かる時代は終わり、私が経営する各店舗とも経営の立て直しが迫られるようになった。

いざ、経営改善に真剣に取り組んでみると、問題は山積していた。

まず何よりも、大事な現金管理がなおざりだった。

飲食店では日々の売上が現金で入る。それと同時に材料の仕入れ、アルバイトの人件費など日々の出費もある。

この差額が利益となるのだが、肝心の現金の勘定がなかなか合わない。私が放任経営をしている間に、従業員が悪戯心《いたずらごころ》を起こしていたケースもあるかもしれない。

経営の正常化のためには、経営者が現金の出入りに鋭く目を配るのは当然なのだが、従業員の受け止め方は微妙である。

私自身もやりきれない思いをしたが、身に覚えのない従業員は私以上に嫌な思いをしたはずである。

ここにも、私が見過ごしてきた現金商売の難しさがあった。

次に大変だったのは、人事管理である。

飲食店では有能な人間ほど独立心が旺盛だ。一刻も早く一国一城の主になりたいという気持ちを抱いている。

私の店でも飲食店のノウハウを会得すると、スポンサーを見つけ、おまけに顧客まで引き連れて、次々と独立していった。

また、独立とまでいかなくとも、待遇が少しでもいい店が見つかると、すぐに辞めてしまう従業員も、少なからず、いた。

要するに、飲食店では従業員の定着率が極めて低いのである。

ある店舗の店長が突然辞めたのに、その代わりの務まる従業員がなかなか見つからず、開店しさえすれば儲かるはずの店を、みすみす何日間か閉めざるを得なかったこともある。

経営に真剣に取り組めば取り組むほど、私は忙しくなった。

夕方から深夜にかけて、各店舗を回って売上を回収したり、翌日の打ち合わせをしたりする。酒屋や食材店を相手に、仕入れや決済の交渉をする。

こうした日常業務の間に、業績の悪い店を閉店したり、辞めたいという従業員を引き留めたり、新しい従業員の面接をしたりという毎日だ。

危ういところで経営危機から脱し、再び何とか日銭が入るようになったのだが、その代わり、今度は、体がいくつあっても足りないことになった。

いくら儲かっても、これでは体が持たない。何とかしなければと、私は真剣に考えるようになった。

飲食店経営の根本に関わる二つのこと

この状況を何とかするヒントを与えてくれたのは、その頃気付いた飲食店経営の根本に関わる二つのことだった。

一つは、飲食店の経営は結局のところ統計学だという事実である。

立地条件がよく、適正規模で、店の業態を間違えなければ、開店して一定の月日がたち、経営が安定すると、良くも悪くも売上は一定のレベルに自然に落ち着く。それに伴って、材料費、人件費などの経費もある計数で安定する。したがって、その結果、利益も一定の数値に落ち着くようになる。飲食店は、大きく分けて人件費、材料費、店費、家賃等の計数で分析できるビジネスだということに気付いたのだ。

もう一つは、その頃しばしば起こった出来事から気付くことになった。私の店のお客様には、店での飲み食いだけが目的ではなく、私と会うことを楽しみに通ってくれる人達もいた。つまり常連客だ。

経営が順調な時期には、どの店に何時頃行けば私に会えるということで、こうしたお客様がしばしば店に訪ねてきた。

しかし、私が経営の立て直しに忙殺されるようになると、ほとんど店にいる時間がなくなってしまった。

せっかく私に会いに来ても、顔も見ずに帰ることが多くなった。自然にそのお客様の足は遠のいた。

飲食店のお客様は、店主と一言二言、言葉を交わすことに満足するものなのだという事実に、このとき私は気付かされたのだ。

こんな場合に当然、経営者ならば、「金勘定ばかりしていないで、もっと店に顔を出したほうがいいいな」と思うだろう。

それは正しい。店主が自ら店に立ち、経営する生業店をお客様は求めているのだ。

そこで私はある結論に至った。

飲食店は計数だという事実、お客様は店主とコミュニケーションを望んでいるという事実。この二つの事実を結び付けた。

誰が経営者であろうと、一生懸命に努力しさえすれば経営は安定し、店の利益もあまり大きく変わらないのではないか。

ならば、私は一定の配当だけを受け取って、店長を経営者にしてしまったほうがよいのではないか。

こうすれば、お客様と経営者もより親しくなれる。同時に私の体も楽になるし、やる気のある店長は資金がなくても独立することができる。

私も、店長も、お客様も、みんなが満足できるのではないか。

要するに、各店舗の所有（資本）と運営（経営）を分離し、私がオーナーになり、店長たちを経営者にしようと考えたのである。

一定金額の報酬を代償に、私が経営を店長に委託する形態をとるのだ。

そんなことを考えていたある日、小田急線町田駅前の居酒屋の経営を任せていた店長が、交通事故で亡くなるという事件が起きた。

繁盛していたその店は、突然、信頼していた店長を失ってしまった。私は急いで次の店長を任命して店の経営に当たらせなければならなかった。

突然の店長の交代が店の営業にどう影響するか、大変危惧したのであるが、店は以前と変わりなく繁盛を続けた。

業態・立地などの店舗自体に儲かる条件が備わっていれば、店長が替わっても店の経営はうまくいったのである。

儲かる店づくりに専念しようという私の決断を、このアクシデントが後押ししてくれたのである。

「生業店の強み」がフルに生かされる

私は各店の店長と「経営委託契約（当時は店長契約）」を結ぶ形で、店の従業員や店長を次々に独立経営者に切り替えていった。

一定の金額を配当として私に払えば、後の売上はすべてその人たちの儲けになるのだ。

新システムの効果は劇的だった。

経営者の私から見れば、まったく物足りない働きぶりだった従業員たちが、その途端、全力を挙げて働き始めたのである。

業績を上げようと上げまいと、給料に変わりがなかったそれまでとは違い、実績が直ちに収入に繋がるのであるから当然といえば当然である。

時には、給料をもらっている人間は、これくらいが給料分だと思う程度にしか働かない。しかし、売上が上がれば、直接、自分の実収入になることがわかれば、経営に対するモチベーションも一気に上がる。

しかも働いているのは、今や自分の店なのである。お金だけの問題だけでなく、プライドやりがいがまったく違う。結果的には、常連客も増える。

ある店長は、午後一一時半までだった営業時間を自発的に午前一時まで延長した。また、別の店長は、アルバイト従業員を雇う代わりに家族を入れ、経営した。家族なら、休日出勤を求めるのにも無理が利く。

材料比率の高い店の店長は、酒屋や食材店などとの値下げ交渉にも、見違えるほど努力した。従来は、ずさんになりがちだった現金管理も、しっかりやるようになった。

要するに、一般的に言われる「生業店の強み」がフルに生かされるようになったのである。

私がこんな大胆な決断を下せたのは、もともと接客が好きで始めた商売ではなかったせいかもしれない。

飲食店の経営者の多くは、この商売が大好きでこの世界に入り、やがて多店舗展開することを夢見てきた人たちだ。

しかし、それまでのキャリアが示す通り、私はもともと事業家型の人間である。

飲食店に転じたのも、この業界が儲かると思ったのが最大の理由だった。

飲食店が好きで始めた経営者なら、毎日の接客の現場を離れることに耐えられなかったかもしれない。

だが、私には、むろんそんなこだわりはなかった。

いずれにしても、飲食店の儲かる店づくりに専念するという私の決断は成功した。

そして、連日、寝る暇もなく働き続けた直営時代とは違って、多店舗の現場管理という、途方もない重荷から解放されたのである。

直営店時代より少なくなったとはいえ、私は、毎月、安定した収入も得られるようになった。

ビジネスという観点から見れば、飲食店の経営を店長に任せ、配当を受け取るオーナーに徹するという私の決断は大正解だったのだ。

所有と運営を分離することで、私は経営者としての重荷から解放されただけでなく、同年輩のサラリーマンより、はるかに多い安定収入を得られるようになったのである。

人によっては「これこそ理想の人生だ」と思われるかもしれない。

しかし、ここで私は、はたと困惑してしまったのだ。

新事業をスタートさせる

当時の私はまだ四〇代の初めである。

仕事が好きで、自分で言うのもおこがましいが、生まれついての事業家肌の私が、そのまま隠居のような人生を送ることなど、耐えられるわけがない。

人生の、新しい目標を見つけなくてはならなかった。

そして私が思い至ったのは、それまでに実践したことを、そのまま新しい事業として展開することだった。

つまり儲かる店舗をつくり、オーナーになることだったのである。

どのような店づくりをすれば儲かるかについては、これまでの経験からそれなりのノウハウを蓄えている。

例えば、店舗は広ければいいというものではない。業態にもよるが、飲食店だと一〇坪から一五坪で十分ということもある。この広さだと経営者ともう一人、二人いれば運営でき、経営効率を高めることができる。

小規模な生業店であれば、家賃、人件費はもちろんのこと、光熱費などの経費も抑えることが可能になり、メニューを絞ることで、食材費も無駄がなくなる。その結果、損益分岐点も低くなるのだ。

私は、立地、業態、規模、内装など飲食店の儲かる店づくりの条件に従って、店という儲かる「舞台」を造ることに専念し、店舗から一定の配当を受け取って経営を任せればよいではないか。

そうすることで、私の配当収入も安定したものになるはずだと確信した。

店は「舞台」、経営者は「役者」、「店舗銀行」は「演出家であり舞台作りを主体」

この方法で店舗展開を進めていくと、かつて多店舗の経営に苦しんだことが嘘のように、次々と店舗を増やすことができた。

飲食店経営の日々の苦労に追われることなく、立地探しと店づくりに専念するだけで、店は次々と増えていったのである。

経営者として多店舗をつくり上げる中で、私は店舗づくりに散々苦労したものだ。「こうすれば儲かるだろう」と思ってつくった店が、開店してみれば赤字の垂れ流しだったこともある。立地、規模、業態、内装選択などの失敗を繰り返して、最終的に儲かる店舗にまとめ上げたのだった。

この苦労が、オーナー業に徹することを決断したとき、生きることになった。

しかも私自身は、店の運営よりも、特にデザインやアート、店づくりが大好きな人間だった。

飲食店のサービス面に気を取られることなく、その努力を儲かる店づくりに集中すればよいのだ。私のつくった店舗は、間違いなく儲かる条件の備わった店舗ばかりだった。これまで、店づくりに失敗したと気付いたら躊躇《ちゅうちょ》せず処分をし、なぜ失敗したのかを必ず検証した。散々苦労して得たノウハウが生きたのである。

ノウハウとは、「過去にどれだけ多くの失敗をしたか」であると私は思っている。単なる理論ではなく、飲食店の店づくりについて、私は多額の授業料を支払って、ノウハウを積み重ねてきた。

そうしたノウハウのおかげで、私がつくった店舗はどれも経営が順調にいき、家賃が遅れたり未払いになったりすることもあまりなかった。

万一、店の経営が不振で、家賃の支払いが滞るような状態に陥ったとすれば、それは私のつくった店舗という舞台装置が原因ではなく、経営者という「役者」に問題があることが確信できた。

店は「舞台」であり、経営者は「役者」である。舞台を背景にして、主役であるお客様が引き立つように、役者は絶妙の演技を見せる。それによってお客様に支持され、人気を得る。もし、店の経営が不振ならば、よくできた舞台をその役者が生かし切れていないのであり、経営者のやる気や力量に問題があると考えられる。

だから、すべてのリスクに責任をもつ私がちょうど演出家のような立場に立ち、有能な役者(経営者)に交代させることで、不振店は繁盛店に生まれ変わる。

辞める経営者にしても、より適性のある職業に就くために、早く転身するべきだ。「店舗銀行」システムでは、その際、借りている店舗をオーナーに返すだけで済む。

アパートなどの入居者と違い、飲食店の場合、家賃も払えない経営者が営業権を主張して居座るなどということもない。

家賃さえ払えないということは、つまり店の経営が赤字だということである。赤字の店にしがみついていても、さらに赤字が増えるだけだから、借金を背負うようなことにならないうちに見切りをつけたほうが、経営者にとっても得策なのである。

2.「店舗銀行」システムの誕生 仕組みの発見と進化

「店舗銀行」（店づくり）と資本（投資家）、運営（経営者）。「店舗銀行」システムが姿を現す

一つの道筋が生まれる

やがて、私が次々と店を増やすのを見ていた周囲の人たちから、いろいろな相談が持ち掛けられるようになった。

「女の細腕一本で、スナックを経営してきたが、子どもが生まれることになった。育児をしながらでは店が続けられそうにない」

「もう三〇年も焼鳥屋をやってきたが、そろそろ引退したい。しかし長年やってきた店には愛着があるので、簡単には手放したくない」

「本業の傍らクラブを経営してきたが、経営が赤字続きになっている。どうしたらよいだろ

うか」

こんな相談を受けるたびに、私は自分自身の経験に基づいて、飲食店における「所有と運営の分離」方式を説いた。つまり「新しい経営者に店を任せて、自分は委託料として配当を受け取る」方法を勧めたのだ。

この方法なら、店舗という資産を所有したまま、そこから上がる売上の一部を、定期収入として受け取ることができるのである。

元スナックママは育児に専念しながら、元焼鳥屋さんは悠々自適の生活を楽しみながら、クラブのオーナーは本業にいそしみながら、それぞれが店からの配当を受け取ればよい。

飲食店の経営者から飲食店の投資家に転身することで、彼らの抱える大部分の問題は解決できるのだ。

また、マスコミに取材されたこともあって飲食店の適地に立地している手持ちの店舗やビルを、どうすれば有効に利用できるかと、相談を持ち掛けてくる人もいた。

さらに、飲食店の経験がまったくない人の中からも、飲食店のオーナー業が配当を生み出すのなら、店舗への投資をしてみたいという人も現れた。

こうしたさまざまな人々から各種各様の相談を受けるうちに、私の心の中で「飲食店における所有と運営のパイプ役」となることを、生涯の仕事にしようという決心が固まっていったのである。

「店舗銀行」システムの誕生

飲食店を始めるには、資本（金）、装置（店舗）、サービス（人間）の三つが必要である。

これまでは、この三つの要素を、経営者自身が用意するのが一般的なケースだった。経営者が自ら資本を調達し、自分の想いで店舗をつくり、自ら店に出てサービスにも当たっていた。

しかし、経営者が、自分の才覚だけで開業資金を調達するという従来の方法には、どうしても限界がある。

サービスを提供できる、有能な潜在的経営者には、独立して店を始めるだけの資金力がない場合が多い。また、店づくりの経験もない。

もっとも肝心な飲食店の装置部分、すなわち店舗である。儲かる店舗づくりのノウハウがなければ、飲食店経営は成功しない。

幸いなことに、店づくりこそ私がもっとも自信のある分野である。

そこで、私が儲かる条件を備えた店舗（装置）をつくり、経営者がサービスを担当するという仕組みである。

それが私の考えた、飲食店における「所有と運営の分離」を基本とした協働事業システムだった。

私はこのシステムを「**店舗銀行**」**システム**と名付け、商標登録（第４５６５３９１号）も取得し、その事業化に本格的に取り組むことにした。

「店舗銀行」システムにおける飲食店経営者は、繁華街好立地に店舗づくりの豊富な経験を持つプロがつくった、収益力のある店で開業できるのである。

しかも、店づくりは「店舗銀行」が行なうので、その為の資金は必要ない。

したがって、そのための借り入れに頭を痛めることもない。

もし店が儲からない場合は、できるだけ早く廃業の決断をして、転身を考えたほうが本人のためにもなる。その場合、退店する経営者は、店を「店舗銀行」に返すだけで済む。

そして「店舗銀行」は、より能力のある経営者に再び店を任せることで投資リスクを回避するのである。

図表① ジャスマックの「店舗銀行」システム

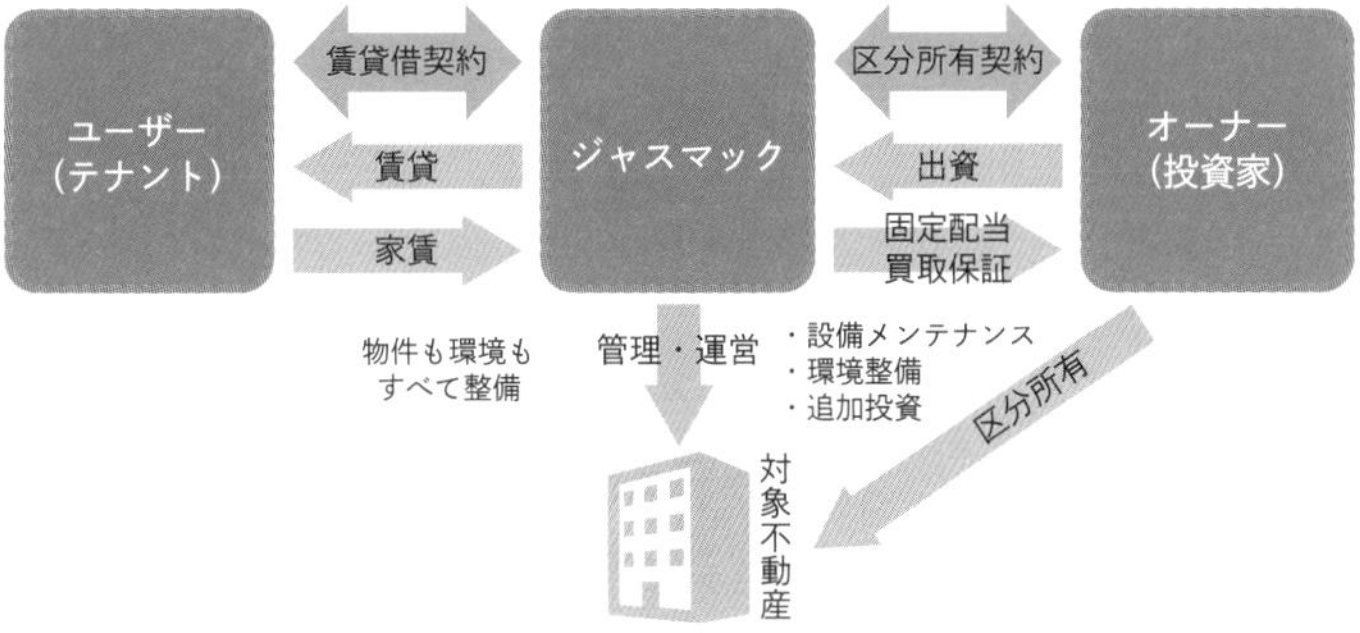

邱永漢氏らが注目したシステム

この頃、金儲け指南の神様といわれた作家の邱永漢《きゅうえいかん》氏と「店舗銀行」システムが縁で知り合った。

「店舗銀行」システムが縁でというのは、氏の持っていた赤坂と新宿の飲食店が、何回、代替わりしてもうまく経営できなかったのだが、私が後を引き受け、飲食店は小さな店に限るという「店舗銀行」システムの理論で、赤坂を一軒から三軒へ、新宿を一軒から二軒に分割して新規開店したら見事に息を吹き返した、という経緯があったのである。

氏は著書『悪い世の中に生きる知恵』（日本経済新聞社、一九七九年）の中で、かなりのスペースを割き、「店舗銀行」システムについて記してくれている。

その中の一部を、少し長くなるが抜粋して紹介させていただく。

「店舗銀行」というと何やら奇異に聞こえるが、人材のあっせんをするのが「人材銀行」で、店舗のあっせんをするのが「店舗銀行」だと思えばよい。『「店舗銀行」システムによる飲食業の革命方式』を書いた葛和満博さんが、このシステムを水商売に応用しようと思いついたのは、多分、自分がこの商売をやってみて、水商売の長所や欠点を巧みに補い合う組み合わせが可能だと確信したからであろう。

経営を委託する相手の店長が果たして「やる気を持った個性のある人物」であるかどうかという確証がない。仮に毎月二十万円支払ってくれる約束をしても、その通り払ってくれるかどうかという心配が残る。「店舗銀行」はその点について、オーナーに対して支払いの保証をするのである。

何しろ店の選定から、賃貸契約から、造作に至るまで「店舗銀行」自身が直接たずさわっているのだから、この店がどの程度の利益を上げられるか、「店舗銀行」のほうで予めソロバンをはじいている。うまくいかないとすれば、店長が適材適所でなかったからであり、契約に基づいて店長の入れ替えを行なえば、すぐまた元に戻れるのである。

万一、戻れないとすれば、これは「店舗銀行」のご本尊に判断能力がないということになるから、そもそもこのシステム全体が崩れてしまう。

したがって、一軒一軒の店の業績予想や利益計画がかなり的確であることが必要である。これは「店舗銀行」の存立にかかわることであるから、葛和さんは自分の体験から次第に営業品目のまとをしぼらざるをえなくなり、ついに数々ある飲食業の中で、パブ、スナック、焼鳥屋、大衆酒蔵のようなアルコール・メニューを主体とした店にのみこの方式を適用するようになった。

こうしてまとをしぼっていくと、「店舗銀行」が関与できるような飲食業はいわゆる水商売に限られ、その経営形態も次のようなものだけになってしまう。

一．店の広さは十坪前後、せいぜい二十坪まで。（実際は一五坪以内＝著者注）
二．主食中心でなく、アルコール・メニューや料理が主体。
三．営業時間が深夜に及ぶことが多い。
四．客層に主婦や子供が少ない。
五．個性豊かな話題性のある店。

水商売の店舗の小型化は、①社用族の減少、②独身貴族をはじめとする中年以下の男性のポケットしかアテにできなくなってきた。③水商売の社会における人手不足、といった客観情勢の変化によって必然的にもたらされたものである。一晩、四万円くらいの売り上げなら、客単価の設定の仕方にもよるが、せいぜい二十人もくれば間に合うから、それほど困難な目標ではない。

水商売はその外づらとは正反対に、みみっちい、金勘定の細かい仕事であるから、利益のあがる店をつくるためには、

①いかに安く店をつくるか、

②どういう雰囲気の店づくりをするか、

③どういう場所を選ぶか、

④場所柄にあった店とははたして何か、を徹底的に検討し、実践する必要がある。

その点は「店舗銀行」の著者はベテランであるばかりでなく、万一、間違った判断をすると、自分が弁償しなければならなくなるから、第六感が働く。

「店舗銀行」の保証によって飲食業を成り立たせることができるとすれば、次のような人々に新しい収入の道をもたらすことができる。

一．水商売の世界で独立して店を持ちたいが、資金が足りないために、足踏みをしている若い人。（略）

二．店を遊ばせている人。……人に貸すのが嫌なら、「店舗銀行」の指示に従って、造作をし、自分がオーナーになって、店長になる人に委託経営をさせればよい。（略）

三．千万円前後の資金を持っていて、ほかにこれといった投資対象のない人。（略）

四．二千万円から三千万円くらいの遊休資金を持っていて、定期収入のほしい人。（略）》

この後も、「店舗銀行」の存在に注目する経済評論家が、相次いで現れた。

評論家の亀岡大郎氏は、著書『誰も気がつかないお金の儲け方』（山手書房、一九八二年）で、「付加価値の高い飲食業に目をつけた葛和社長の目に感服」と、次のように記している。

「ジャスマック」という会社は葛和満博氏が設立した新しい会社です。

「世の中には資金は持っているが仕事をする自信のない人、仕事をする自信はあるが資金がない人がいます。互いに身の不運を嘆いていますが、この両者をドッキングさせたらどうか」という葛和社長の発想で生まれた会社です。

こうすれば、資金を持っている人は店のオーナーになり、仕事のできる人はその店を借りて仕事に精出せばよいということになります。「ジャスマック」は、その両者の間に立って、ユーザーから家賃を集金し、オーナーに配当金の支払いをする業務をしているわけです。

この新しい方式で注目したいのは、業種をアルコール飲料を主体とした業種にしぼっている点です。アルコール飲料は付加価値が高く収益も大きいからです。そうなると、仕事をする人はどうしても女性が主体となりますが、葛和氏は決して店を大規模にはしないのです。どの店もせいぜい従業員三〜四人程度の店ばかり。その理由は、女性の管理能力の問題だそうです。「もうかるから」と、やたらに店を広げるのも考えものということです。

同じく評論家の竹村健一氏はある講演の中で、「不労所得」ということに関して、こう述べている。

『金持ちの金もうけの仕方というのは、仕事をしなくても余っている金を動かして儲けるということです。

日本では仕事しないで金を儲けるというのは悪いことと されていたんですが、イギリスやフランスなどでは当然のことと されています。

ジェントルマンという言葉がありますが、ジェントルマンとは動かない人ということです。しかも金が入って来る。プレイボーイという言葉もしかり。

もうこれからは、金があったら自ら事業をしないで、その金を有効に運用して金を儲けるという流れに向かうのではないでしょうか。

その意味でも、ジャスマックという会社は、これまで日本になかったもので、これからも金を持っている人に金儲けのノウハウを教える会社が必要な時代になると思います。』

国際エコノミストの長谷川慶太郎氏は、「店舗銀行」システムの収益力に注目して、こう指摘したことがある。

金儲けは非常に難しい。さりとて金儲けは、不可能というわけではない。それなりの準備と知識を持つ人なら、比較的ラクに金を儲けることは、決してできない話ではない。

うまい話ほど危ないというのは世間の常識だが、経済知識もろくになく、欲の皮の突っ張った人がいかに多いことか。新聞紙上には、毎日のように商品取引をめぐる詐欺事件が報じられている。

そういう中でジャスマックは金儲けに新しいアイディアを提供している。長い経験と合理的、かつ独創的な考え方は高い評価に値する。

とくに「所有と経営の分離」という近代経営の原則を取り入れた発想を飲食業に導入したのは、さすがだ。（『石橋をたたいて渡る資産運用法』〔総合法令出版、一九九八年〕の推薦文）

渋谷の一等地に商業ビルを建設

一九七七（昭和五二）年、私は『飲食業のオーナーになって儲ける法』（日本実業出版社）という本を出版した。

この頃私は「所有と運営の分離」方式で、数百店舗のオーナーになっていた。その実績を背景に、飲食店における「所有と運営の分離」を基本とした協働事業＝「店舗銀行」システムの構想を世に問うたのだ。

この本の反響は、すさまじかった。

読者の中から、私同様、「店舗銀行」システムのオーナー（投資家）になりたいという人が続出したのである。

この声に応えるために、私は「店舗銀行」システムによる飲食店を、どんどん展開していった。主に東京都内で賃貸に出ている店舗ビルを借り、オーナーの資金で内装を施し、これを経営者にリースするという方法だ。

しかし、賃借した店舗に内装工事を行ない、家主の了解を得て転貸するという方法には、やがて限界が見えてきた。

一九八〇年代に入って都内の地価や、工事にかかる施工単価がだんだん高くなり、それに伴って店舗を借りる際の保証金や家賃が高騰したためだ。家主側のそうした要求に対して、当社や投資家の持つ権利が不動産所有権ではなく賃借権だったために、家主に強い立場にたてなかったのだ。

そこで私は、賃借店舗方式に見切りをつけ、すべての運用店舗を損をしてでも精算した。

今度は、家主の了解が必要な賃貸ではなく、オーナーにはより強い権利がある所有権を持ってもらわなくてはならない。

そのように考えて、当時、私が不動産部門のコンサルタントをしていた旧・三菱信託銀行の協力を得て、渋谷駅前（現・京王井の頭線渋谷駅改札前）の一等地に商業ビルを建設した。一九八一（昭和五六）年四月のことで、これが現在も盛業している「コスモ渋谷館」である。

この時、異例なことに、オーナー募集は旧・三菱信託銀行の丸の内支店で行なわれた。

そして、オーナーを募集した全店が一瞬にして完売した。賃借店舗方式でオーナーだった方で、再びオーナーになっていただいた方もいた。

「コスモ渋谷館」は、ビルの完成と同時に店舗も即日営業できるように内装、設備を完成させた。

しかしその後、東京の地価はさらに高くなり、採算に合う商業ビルを一等地につくることが難しくなった。

とはいえ、東京の二等地、三等地に建てるのはリスクが大きい。

そこで、地方の主要都市の一等地につくったほうが、収益を見込めると考え、次に取り組んだのが福岡や札幌などの地方都市に一棟丸ごとの飲食ビルを「店舗銀行」システムで建てることだった。災害等によるリスクを分散するという思いもあった。

「コスモ渋谷館」以降、私は、北は札幌、帯広、青森、弘前、秋田、八戸から南は北九州、博多、熊本、長崎まで、立て続けに飲食ビルを建設し、区分店舗をオーナーに販売する一方、自社でも所有し、店舗経営者に賃貸したのである。

進化する「店舗銀行」システム

こうして、長い歴史の中でつくられた「店舗銀行」システムの仕組みを、もう一度簡単に整理すると、繁華街好立地に、飲食商業ビルを建設し、投資家に区分所有権を開発原価で販売する。

そのスペースに「店舗銀行」が内装を施し、店の経営者にサブリースし、ビルの管理、リース家賃の集金と投資家への配当の振り込みなど、システム運営の一切を引き受ける。

経営者はその人間的魅力、サービス力、技術力を発揮して店を繁盛させる。

投資家は出資額に対する定額配当を、毎月、受け取る。また同時に、換金したい場合は「店舗銀行」が店を出資額で引き取る。これが、今日に続く「店舗銀行」システムである。

この方式の強さは、投資家、経営者双方へのリスクマネジメントが、「店舗銀行」によって、すべてできることである。

建物や内装の劣化は即、集客に影響するが、すべて「店舗銀行」の負担で、計画的に建物の補修や内装の追加投資をした。

自社所有によって、「店舗銀行」システムは順調に稼働し始めたのである。

仕組みを確立して以来、永い時間が経過したが、「店舗銀行」システムは、同じ場所にとどまり続けたわけではない。

常に進化し、収益性を高めていかなくては、時の流れ、マーケットの変化に取り残されてしまう。業態も時代に合わせ、人々の嗜好に合わせて、巧みに変容していくことが求められる。

多くの不動産会社が倒産し、日本の経済を長く不況の底に這《は》わせた不動産バブルも「店舗銀行」システムは無事に乗り切った。収益還元法という不動産投資の基本方針を、いささかも外すことなく、冷静に歩んできたためであった。

しかし、一等地の地価が上がり、建築コストが上昇して、新たに商業ビルを建築することは採算的に不可能になった。

当時、『月刊レジャー産業資料』誌上で、私は、「私どもでは土地が高くなってからは、一切、土地を買ってはいない。現状の土地の値段では、どう考えてもそろばんが合わないからです」と述べている。

土地高騰という社会の流れを見て、私は躊躇なく「店舗銀行」システムによるビル建設の中断を決意したのだ。かくて、投資家の新規募集は、一九八四（昭和五九）年、「ジャスマック青森館」が最後となった。

私は当時のジャスマック青森館、オーナーズガイドに、「この度の『ジャスマック青森館』をもって、オーナーの皆様への販売を一時終了させていただくことになりました。私どもの目的は、オーナーの皆様の大切な資金を無限に集める事にあるのではなく、選ばれたオーナーの皆様と信頼関係を持ちながら、健全に育てていくものであると確信致しております」と記した。

世間がバブルで浮かれている間、私は「店舗銀行」システムのさらなる強化と地方都市でのコンセプトホテルの建設にエネルギーを注いだ。

その頃完成、オープンした札幌の「ジャスマックプラザホテル」などは今も盛業を続けている。

また、一九九八年一〇月に竣工した「門司港ホテル」は、北九州市門司地区の再開発事業

「ジャスマック青森館」誕生

多くのオーナーの御要望に応えて、ジャスマックが贈る最後のオーナー物件

永遠の信頼と安心 ジャスマックの決断

株式会社ジャスマック 代表取締役 葛和満博

ジャスマック店舗銀行システムは、永年に渡り、オーナーの皆様方の絶大なる御支援と御協力をいただいてまいりましたが、この度の『ジャスマック青森館』をもって、オーナーの皆様への販売を終了させて戴くことになりました。

今後は、自己資本による商業ビルの建設および、全国コンピュータ・オンライン・システムによるテナント・ファイナンスに全社を挙げて邁進致す所存でございます。

これまで御支援をいただいた『店舗銀行システム』によるオーナーの皆様の資金を会社の幹として、今後はジャスマック自身の自己資金により、枝葉を広げていきたいと思います。

つまり、ジャスマックの資産運用は、今第一段階を終了して、次の段階に入ろうとしているわけです。

私どもの目的は、オーナーの皆様の大切な資金を無限に集める事にあるのではなく、選ばれたオーナーの皆様と信頼関係を持ちながら、健全に育てていくものであると確信致しております。

そのためには、ジャスマックが企業として、ますます実力のある企業に育っていく必要があると痛感する次第です。

オーナーの皆様方に、私どもジャスマックの決断を御理解下さるとともに今後ともますますご支援賜わりますようお願い申し上げます。

ジャスマック青森館オーナーズガイド

の核施設として完成した。

事業主体は、門司港開発、若築建設、フジタ、ジャスマックなど、開発グループの他、北九州市をはじめ地元有力企業三四社が出資する第三セクターの経営である。当ホテルも北九州市、地元関係者及び、門司港開発の支援と協力を得て、当社が斬新なコンセプトで実現させたホテルである。

この門司港ホテル、コンセプトそのものがハード、ソフト共に従来の概念からかけ離れている。宿泊施設というより、観光客や周辺地域の人に愛され親しまれるエンターテインメントプラザという位置づけで計画されている。

サービス業であり装置産業であるホテル

門司港ホテル

は、装置、すなわち建築自体に人を集める、人が集まる話題性がなければならない。外観や内装に人々が日常とは異質の体験をし、感動を享受できる「遊空間」をどう作り上げるか。そこにドラマチックなデザイン空間を施した。関門海峡に面した話題のエンターテインメントホテルとして地域集客の目玉施設に今後もなり続けて欲しい。

現在、本書の出版と並行して、札幌、博多、熊本、長崎で、「酒肴小路プロジェクト」などの多様な店舗戦略が進行している。

「店舗銀行」システムが、人間力で生き抜こうとする人々にとって、長く、後ろ盾となる仕組みであることを願うばかりである。

所有と運営の分離を飲食業で具現化

一般に、資金を出して会社を設立する資本家は、その運用を経営の専門家である経営者に任せ、そこから生まれた収益を配当として受け取る。すなわち所有（資本）と運営（経営）の分離。これが近代資本主義の生んだ株式会社の原則だ。

「店舗銀行」システムは、この「所有と運営の分離」原則を、店舗を核として飲食業の世界に特化し、協働事業としたものである。

つまり、投資家が資金を提供し、経営者が運営を受け持つという形で、お互いが得意な部分を担い合う、協働の関係が「店舗銀行」システムの基本である。

私はこの資本主義における「所有と運営の分離」原則に、マネジメント機能をもつ「店舗銀行」を介在させることで、リスクマネジメントが可能となる、三者の協働事業という新しいビジネスモデルを開発したのである。

もう少し詳しく、具体的に言うと、次のようになる。

（1）「店舗銀行」は、まず、立地を厳選して飲食店ビルを建設または取得し、独自のノウハウで、儲かる条件のそろった、明日にでも開業できる、収益力のある店舗づくりを行なう。

（2）飲食ビルは店舗ごと、あるいは投資額に応じた所有形態により、区分所有権を「店舗銀行」システムで販売する。

＊ただし店舗運営に関しては、投資家は「店舗銀行」と「運営委託契約」を結び、それによって運営の権限を「店舗銀行」に移譲する。

つまり店舗は、投資家にとっては一種の「店舗証券」であり、「信託店舗」として預託される。

＊「店舗銀行」は投資家に対して毎月定額配当を支払うとともに、区分所有された物件の買取を保証する。

投資家に換金の必要性が生じ、解約したい場合には、三カ月の予告期間を経て必ず買い取る。今日まで五十年以上、実行してきたことである。

（3）オーナーから預託された店は、「店舗銀行」が自費で内装を施し、店舗を運営する飲食店経営者に委託される。

（4）「店舗銀行」は投資家と経営者の間にあって、店舗が円滑に経営できるよう、これまでに培った経験と運営ノウハウにより、投資家には区分所有された物件の買取の保証、経営者には万一失敗した場合は、店を引き取り、より有能な経営者に任せることで、システムのリスクマネジメントを行なう。

経営者から毎月家賃を徴収し、投資家に配当を支払うことや、ビルや店舗の資産価値維持のための再投資及びメンテナンスを行なうことなども重要な業務である。

再投資に関して付け加えれば、分譲マンションと「店舗銀行」は、同じ「分譲」であるが、まったく違うものである。

例えば、分譲マンションなどの場合は、設備や内外装の補修等再投資はすべてマンションの管理組合による積立金で対応することとし、販売会社にはその責任はない。しかし、**資産価値の維持に重点を置く「店舗銀行」システムでは、自社で計画的に再投資を行なっている。**

ビルの外装、店舗の内装、設備のリニューアルなどを計画的に行ない、安定した収益力や元本の安全をめざしている。その保全のための費用を、すべて「店舗銀行」が負担しているのである。あくまで目的は販売利益でなく、運営収益である。

第2部 for owner

「店舗銀行」システムの仕組みとその活用

「店舗銀行」の役割

「店舗銀行」の役割は次の通りである。

【建物】

1．立地調査及び与件の整理

敷地の概況調査（面積・建蔽率・容積率・周辺環境）

予備調査（商圏人口・最寄駅乗降客数など）

現地調査（近隣主要施設・賃料相場など）

2．マーケットリサーチによる事業化の検討

立地分析・競合分析・業界動向・社会トレンド

3．基本コンセプトの構築（施設の完成イメージ）

施設の事業コンセプト・デザインコンセプト

4. 事業計画書の策定
建築・内装の基本プラン（平面・立面・断面プラン、面積表）
事業収支及び資本計画（参考―標準経営計数）
総事業費の策定（マテリアル、イメージスケッチ、模型）

5. プロジェクトメンバーの編成とコーディネーション
プロデューサー、コーディネーター、
建築家、デザイナー、アーティスト、特殊技術専門家（ソフト関係）、
建築業者、内装業者、各種専門業者（ハード関係）

6. コスト管理・品質管理・工程管理（コンストラクション、マネジメント）
設計コストと工事予算の調整
施工の品質及び工程管理

7．店舗オーナーの出資金について
毎月定額配当の支払い
出資物件についての買取の保証
（建物・内装設備に対する再投資は全て店舗銀行で負担）

【店舗】

1．店舗の開発（建築設計・施工）
店舗設計（レイアウト）
設備（給排水、給排気、電気容量、ガス容量など）の確認
デザイン（店舗の個性重視・アーティストの起用）
内装施工
厨房設備

2．運営管理
賃貸借契約（飲食店の標準経営計数による合理的な定額賃料設定）
経営サポート（食材・酒類・調理機器・調理技術の情報提供）

3. 集客

ソーシャルメディアの活用（「店舗銀行」のホームページ）
店舗案内看板（デジタルサイネージ）
イベント（パブリシティ）

「店舗銀行」システムのしくみ

ジャスマックの「店舗銀行」システムは、ジャスマックが管理運営する飲食店ビル内を複数の区画に分け、それぞれ約三〇㎡～約五〇㎡の専有面積を持つ店舗区画をオーナーに販売し、区分所有していただくというものだ。

区分所有とは地上権と抵当権の販売であり、固定資産税はオーナー負担となる。一般的な不動産売買であれば、オーナーは購入した店舗区画で自ら飲食店を経営するか、またはテナント（店舗経営者）に賃借して家賃収入を得る形になる。

これに対して、「店舗銀行」システムでは、オーナーはこの区画をジャスマックに賃貸し、ジャスマックから配当金を受け取るという形を取る。ジャスマックは、オーナーから借り上げたこの区画に店舗を造作し、開業の準備を進めるテナントユーザーに貸して家賃を受け取り、その中から手数料を差し引いた金額を、所有者であるオーナーに配当金として支払うのである。

このように説明すればおわかりのように、しくみとしては居住用不動産のサブリースシステム（＝一括借り上げ・家賃保証システム）に近い。ただし、居住用不動産と商業用不動産（店舗物件）では、後述するようにきわめて大きな違いがある（図表②-1～3参照）。

居住用不動産の場合、戸建の貸家からアパート一棟、ファミリータイプのマンションからワンルームマンション、近年ではシェアハウスなどさまざまな形態がある。このうち、シェアハウスのサブリースシステムといえば、先年社会問題となった「かぼちゃの馬車」事件を思い出される方も多いだろう。

投資物件であるシェアハウスを管理運営する不動産会社が経営破綻したため、同社と締結したサブリース契約は反故にされ、多くのオーナーが巨額の損失を被ったという事件である。

同様のサブリース契約を行なっていた複数の業者が連鎖的に破綻し、これらの業者のメインバンクであったスルガ銀行の審査基準をめぐって社会問題に発展した。このため、最近で

図表②-1　一般的な不動産投資のシステム

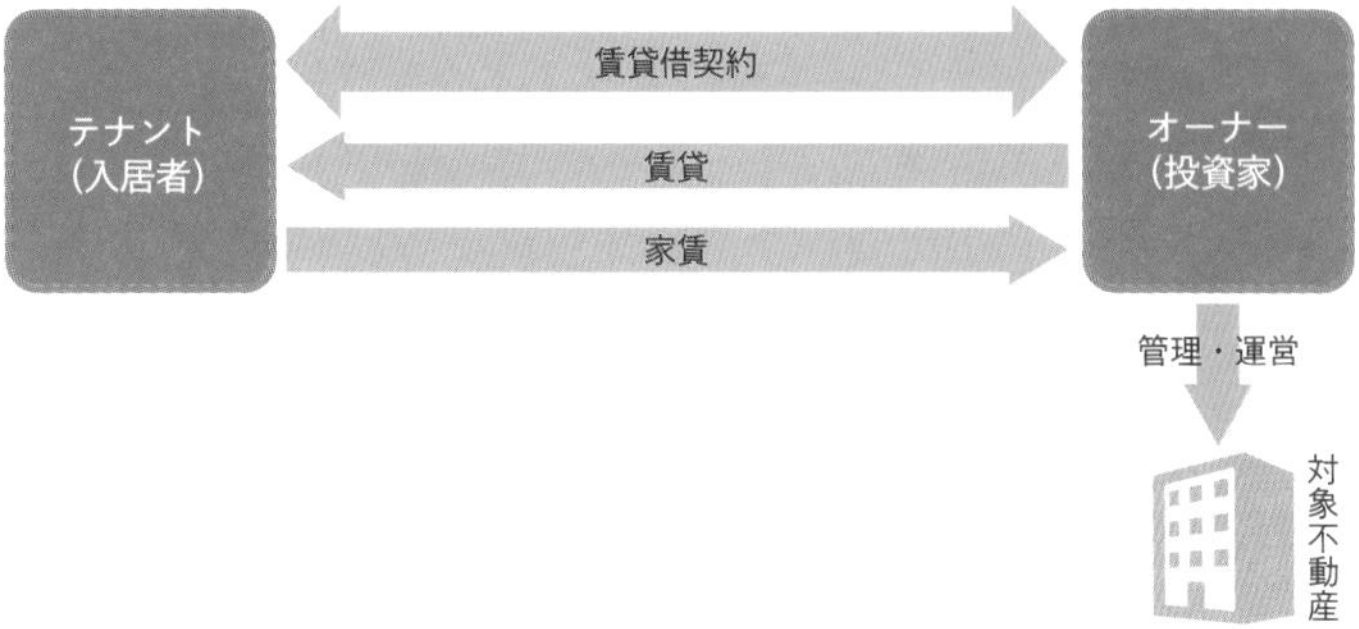

図表②-2　一般的なサブリースシステム

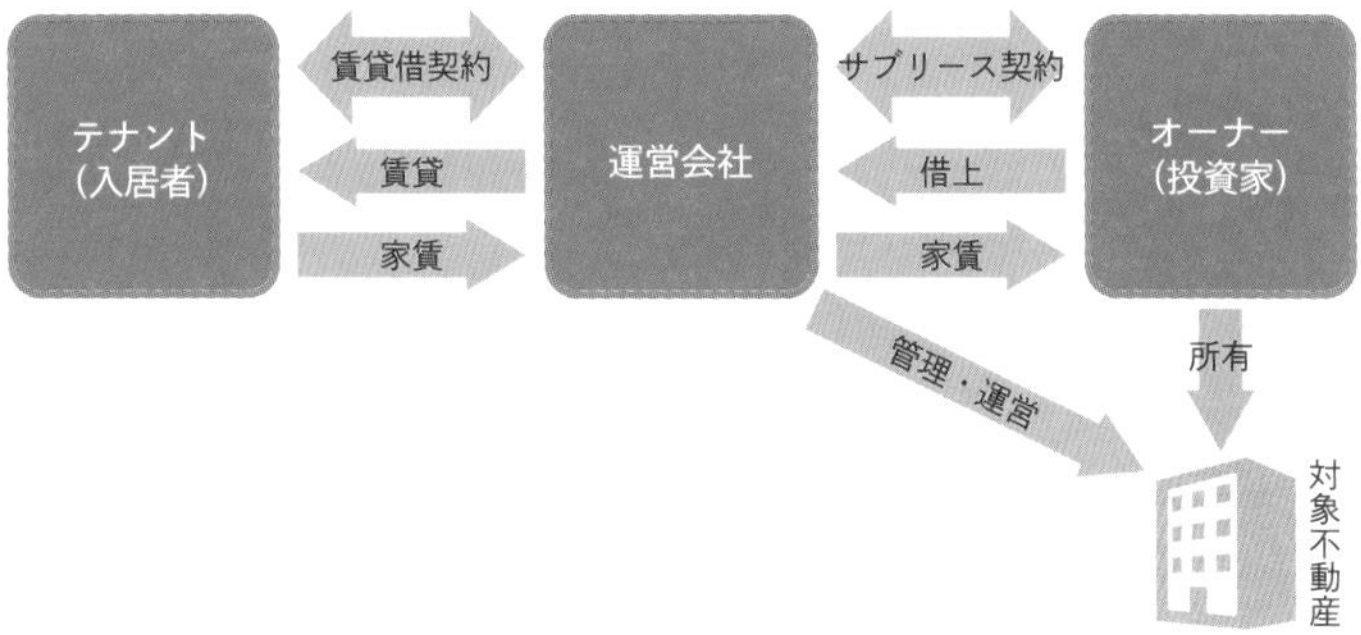

図表②-3　ジャスマックの店舗銀行システム

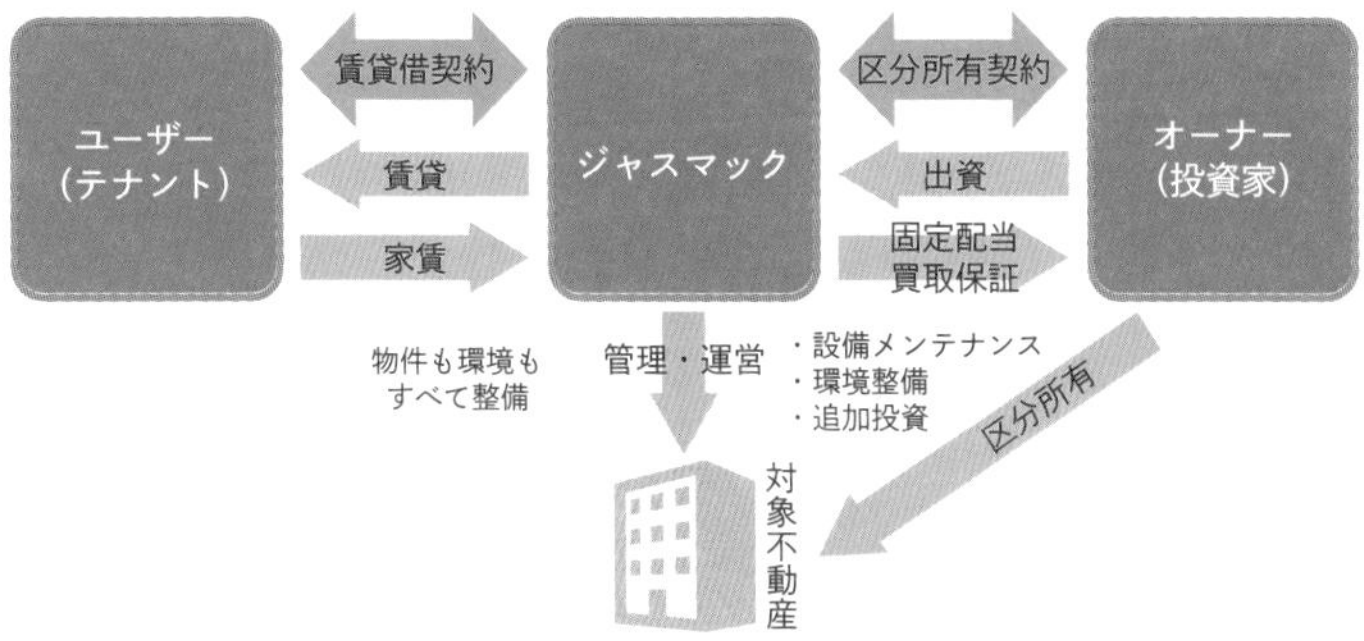

はサブリースシステムそのものへの不信感も拡がっているようだ。

ここで一つお断りしておくが、サブリースのシステム自体に構造的な問題があるわけではない。

あくまで、破綻した業者の運営方法の問題である。彼らは、十分な社内留保を持たず、目先の運転資金調達のために次から次へと新しいオーナー獲得と不動産物件取得のために営業を拡大していき、その結果として経営破綻に陥った。いわば、自転車操業のツケが回ったに過ぎない。当然の帰結である。

翻って、ジャスマックの「店舗銀行」システムはどうか。現在は、新しいオーナーシステムへの切りかえ等もあり店舗経営者に貸し出している店舗の八〇％は自社で所有している物件であるため安心できる。

我われの方針とは、「店舗銀行」として開発する物件については、厳しい選定基準を設け、それを堅守することだ。

例えば、立地条件でいえば、「駅からの距離」であったり、「人の流れ」であったり、「周辺環境」であったり、さまざまなチェック項目があるが、つまりは「収益を見込める物件であるかどうか？」ということである。さらに、物件の床面積や構造も重要だ。言うまでもなく、本書で紹介している物件は、それらの選定基準をすべてクリアしている。

商業用不動産と居住用不動産の最大の違いは、「物件自体が収益を生み出すか、否か」という点にある。居住用不動産の場合、居住者（＝賃借人）の支払う家賃が収益源となるわけだが、居住者自身はこの家賃を支払うために、どこかよそで働いて収入を得る必要がある。物件は賃借人が寝起きし、収入を稼ぐための生活拠点にはなるが、それ自体は一円も生み出していない。

これに対して、商業用不動産はテナント（＝ユーザー）が売上収入を得るための舞台装置であり、いわば、物件自体が収益を生み出しているといっても過言ではない。ユーザーは、店の売上から一部を家賃として支払い、仕入れなどの経費を差し引いた残りはそっくり自分の収入となる。売上が上がれば上がるほど収入も増えるから、当然、ユーザーは店の経営に精を出すことになるし、好調な経営が続くのでジャスマックもその分、安定した家賃収入を得ることができる。無論、店の売上が思ったほど上がらなければ持ち出しになってしまうが、前述の通り、「店舗銀行」システムの適用不動産は、ジャスマックの厳しい選定基準をクリアしてきた物件である。よほどまずいやり方をしたのでない限り、「お客が入らない」「売上が上がらない」などということはそうそう起こらないはずだ、と自負している。

では、具体的にどのくらいの収益が期待できるのか、数字で検証してみよう。

不動産投資だけに限らないが、一般に投資の世界では「利回り」で収益性が判断される。一般に、不動産の利回りの計算式は次のように表される。

ネット利回り（％）＝$\frac{\text{家賃収入－経費}}{\text{不動産購入金額}}$÷運用年数×一〇〇

ここでいう「経費」とは、固定資産税、地震・火災保険料、賃貸管理費、建物管理費、修繕積立金などとなる。ただし、「店舗銀行」システムの場合、年間支出は「①運用年数に定めがない」「②追加資金の必要がない」という二つの条件が加わるため、固定資産税と地震・火災保険料のみとなり、計算式は次のようになる。

ネット利回り（％）＝（年間収入－年間支出）÷不動産購入金額×一〇〇

「店舗銀行」システムのネット利回り（＝実質利回り）は、不動産購入価格や家賃設定が物件の面積によって異なるため一概には言えないが、平均して四％前後を維持できるように設定されている。個別の事例を見ていけば、おおむね四％の間といったところだろう。

参考までに、モデルケースを挙げておきたい。わかりやすいように数字等は単純化して考えていくが、ほぼ実態通りであるとお考えいただいて間違いない。すなわち、三七五〇万円の店舗を区分所有された場合、その区画が空室であろうが埋まっていようが関係なく、毎月一二万五〇〇〇円（年間一五〇万円）の配当金をジャスマックがお支払いすることになる。

投資商品の利回りとしては、いわゆる「ミドルリスク・ミドルリターン」というところだろうか。一般に、収益不動産はインカムゲインとキャピタルゲインの二つの側面を持っているが、「店舗銀行」システムは基本的にインカムゲインに特化しており、「売却する」という選択肢は初めから想定していない。

もっとも、単純に「収益不動産　利回り」などのキーワードをインターネットで検索してみれば、七～八％の利回りなど珍しくもないし、中には一〇％以上の高利回りを謳っている業者も少なくないだろう。

ただし、こうした派手な数値を出している企業は、ほとんどがグロス利回り（＝表面利回り）である。グロスとネットでは、出てくる数値も、そこから受ける印象もまったく違うから、特に投資初心者はついついグロスで表現された派手な数値に心を惹かれてしまうかもしれないが、惑わされてはいけない。

グロスの数値を前面に出すということの裏には、「ネットの数値を出したくない」という意図が隠されているのである。

また、サブリース契約を結ぶ場合、仮に一〇%、あるいはそれ以上のインカムゲインが約束されていたとしても、それをそのまま鵜呑みにしないほうがいい。

契約した時点では確かに一〇%かもしれないが、いずれ一方的に引き下げられることになる可能性は少なくない。

何故かと言えば、空室リスクを回避するためだ。サブリース（一括借り上げ・家賃保証）における業者側の最大のリスクは、空室期間中の家賃保証である。保証する金額は満額家賃の七～八割程度とはいえ、入居者が決まらず家賃収入がまったく入ってこない中で月々の家賃をオーナーに支払い続けることは、特に資金力の乏しい業者にとっては大きな負担であるから、早々に減額交渉をしてくるに違いない。

「かぼちゃの馬車」などはまさにその例である。

その結果、当初の利回り一〇%は七%に、五%に、それ以下に引き下げられることになる。その時になって「話が違う！」と言ってももう遅い。契約書を読めば、ちゃんと家賃保証の減額については（ごくごく小さな文字で）記載されているはずだからだ。

もちろん、すべてのサブリース業者がそうだと断定しているわけではない。オーナーのことを第一に考え、良心的な経営を続けているサブリース業者だっているに違いない。ただ、そうした業者の本質を見抜くことは、初心者にとって簡単なことではないだろう。

ジャスマックの「店舗銀行」システムが、居住用不動産のサブリースシステムよりも優れている点を挙げるとすれば、何といっても、この「保証された家賃の減額」が「ない」ということが真っ先に挙げられる。

何故か——？

ひと言でいえば、我われは空室リスクを少しも恐れていないからだ。もっと言えば、「家賃を下げるくらいなら、空室のままでいい！」と考えているからである。

サブリース業者が空室リスクを恐れるのは、ここまで再三述べているように、資金力に不安を抱えているためだ。目先の運転資金を確保するために、「空室期間中の家賃保証」のような「無駄な出費」は極力減らさなければならない。だから、空室を埋めるために安易に家賃設定を引き下げる。その結果、家賃保証もまた減額されてしまうのである。

また、こうした業者はブランディングということも意識していないから、入居者を選別することもせずに安易に受け入れてしまう。すると、どんなことが起きるか？

例えば、マンションやアパートなど集合住宅のある一室に、ある日、反社会的勢力の関係者が入居してきたらどうなるだろうか。他の部屋の入居者は新しい入居者を嫌がってどんどん退去してしまうかもしれない。つまり、結果的により大きな損失を招くことになるわけだが、ブランディング意識のない業者はそんなことも考えないのである。

ジャスマックが「家賃を下げるくらいなら、空室のままでいい」と考える根拠はそこにある。安易に家賃を下げてテナントを誘致したところで、いざ実際に出店したその店舗がビルのブランドイメージを損ねたり、他の店舗にやってくる客層とあまりにも違っていたりすれば、結局は誰のためにもならない。それだったら、出店するにふさわしいテナントが現れるまで、空室のままで空けておいたほうがいいではないか。本書発行時におけるジャスマックの財務状況は、そうした出費で揺らぐことはないからだ。また、退店後の全面改装のためにも一定の空室率が必要である。

そして、もう一つ――投資活動における人びとの最大の関心事といえるのが「元本の安全性」である。ジャスマックの「店舗銀行」システムはここにも優位性を持っている。

現行の出資法では、投資の勧誘の際に「元本保証」と謳うことを原則禁止している。何故なら、本当に一〇〇％元本が保証される、という根拠を示すことは不可能に近いからだ。逆に言えば、投資における元本の安全性とはそれほど脆弱なものなのである。

そのことを踏まえた上で申し上げるのだが、ジャスマックが「店舗銀行」システム（およびその前身となるシステム）をスタートしてから約五十年間、これまでただの一度も「元本割れ」を起こしたことはない。これは厳然たる事実だ。インターネット上においても投資された方と当社との間のトラブルは一切報告されていない（二〇一九年一二月二〇日現在）。

ちなみに、「店舗銀行」システムには満期という概念がないから、続けてさえいればいずれ元本以上の配当金が得られるのだが――そういうことではなく、途中解約するので元本を返済してほしいと希望される方も、無論、一定数は存在する。そのようなご希望があった場合、解約希望日の三カ月前までにお申し出いただければ、出資元本をお返しすることができるのである。

図表③　まとめ：店舗銀行システムの優位性

店舗銀行システムは、

店舗経営者と毎月安定した投資に応じた家賃を受け取ることで自己年金にしたい店舗オーナーとがそれぞれ国に頼らず経済的に自立する為の支援システムです。

店舗オーナーの出資金について

・毎月定額配当の支払い

・出資物件の買取保証

・建物・内装設備に対する再投資は全て店舗銀行で負担

★ 物件自体が収益を生み出す「商業用不動産」投資である！

★ 開発物件はジャスマックの厳しい審査基準を満たしている！

★ 自社資本力に対して無理のない運営体制を維持している！

※現在、店舗オーナーの募集（投資受付）は行なっておりません。
今後、金融機関等との提携を視野に入れ募集を再開する予定です。
本書の内容は、2019年12月1日現在のものであり、予告なく変更されることもあります。

運営のプロは必ずしも店づくりのプロならず

「店舗銀行」の役割の主眼は、「儲かる店づくり」にある。

「店舗銀行」システムにおける店舗と経営者は、芝居の「舞台」と「役者」に置き換えればわかりやすい。

＊「店舗銀行」が舞台（店舗）をつくり

＊役者（経営者）が絶妙の演技を見せる

というものだ。

つまり「店舗銀行」システムの運営は、「店舗銀行」のつくる店舗力と、経営者の人間力によって成立している。

一般にサービス業だと思われている飲食店なのだが、一面では店舗づくりで勝負する装置産業である。

私の経験では、飲食店を繁盛させる要素は、店舗力七割、経営者の人間力三割である。店舗力については八割だというコンサルタントもいるほどで、成功・失敗を決定的に分ける力だ。

すなわち、中心に位置するのは、収益を生み出す舞台＝店舗である。

「店舗銀行」システムでは、「店舗銀行」が立地を厳選して飲食店ビルを取得または受託し、店づくりのプロが独自のノウハウで、業態に合わせて、儲かる条件のそろった店舗づくりを行なう。

ここが重要である。

儲かる店づくりには、経営と違うノウハウが必要なのだ。

飲食業の経験者が独立して失敗するケースを調べてみると、多くは立地・店づくりや資金繰りで失敗をしている。

立地の選定や儲かる店づくりは、本来プロの仕事である。

特に儲かる店づくりのためには、例えば優れた施工技術を持つ内装設備業者などの選定から、細部にわたっての業者との専門的な話し合いまで、豊かな経験と実績が必要である。

しかし、サービス精神に富み人間力が豊かな、飲食店の運営にふさわしい人でも、内装設備の専門的な知識がない場合がほとんどだ。その結果、大金を使って店をつくっても、失敗に終わることが多いのである。

運営のプロは必ずしも店づくりのプロならず、である。店は店づくりのプロがつくるから、成功する確率が高いのだ。

収益力のある店舗＝舞台で、自らの人間力を発揮した経営者＝役者が、存分にお客様を満足させることのできる店は繁盛するのである。

その結果として獲得した収益は、一定額を「家賃」として「店舗銀行」に支払い、残りはどこまでも自分の収入とすることができる（家賃の仕組みは後述）。

店が儲からない場合は、どうなるか。

この場合、舞台（店舗）というより役者（経営者）に問題があるわけだから、「店舗銀行」は、より有能な役者に再び店を任せることでリスクを回避する。

経営者本人にとっても、できるだけ早く廃業の決断をして、別の進路を考えたほうが自分のためになる。

通常一年もあれば、その見極めもつくはずだ。

さらに、退店する経営者は、店を「店舗銀行」に返すだけで済むことを強調しておきたい。

「店舗銀行」システムが経営者に対して直接金銭を融資せず、店をつくって貸し出すシステムとしているのは、儲かる条件の備わっている店を貸すことで、経営者の経営における失敗を極小化するとともに、投資家の投資元本の安全性を確保するためである。

これも投資家と経営者双方への、リスクマネジメントに他ならない。

店舗づくりのポイント

そこで、店舗づくりのポイントは何かである。

店舗づくりでいちばん大きな要素は、「立地」である。成功するためには、間違いない立地選びをすることである。

やや失礼な例えになるかもしれないが、釣りをするときにどんな場所で釣り糸を垂らすかを考えれば、ベストの立地がわかるだろう。

考えるまでもなく、釣り場は魚がいるところでなくてはならない。

つまり特別な店でもない限り、飲食店は釣り堀のように人の集まる場所が最適である。

では、どんな場所に人々は集まるのだろう。

繁華街には、飲食店舗が多く集まっている。店が集まれば、そこに集積の効果が発生する。

だから、一般的に言えば、店舗の集積する商業一等地、繁華街、駅周辺が、飲食店の一等地なのである。長い間、「店舗銀行」システムでは、商業ビルを大都市の繁華街一等地に建ててきたのは、そのためである。

ただし、地価の上昇した現代では、採算性から見ると必ずしも繁華街一等地が飲食店にとって最適の立地とは言えない。繁華街から外れた場所であっても、儲かる業態を開発することによって、好立地とすることができるのである。

私は「暗算思考」という表現を使うのだが、「店舗銀行」の長年の経験とそこから生まれる直観によって、好立地を選定するしかないと考えている。

店舗設計にも、ＡＩが最適値を導いてくれるようになってきたが、細心の注意が必要である。

「店舗銀行」システムの店舗は、原則少人数で切り盛りできる広さ（一〇～一五坪）である。このような小規模店では厨房設備やトイレの位置、「死に席」をつくらないような客席の取り方など、効率よく営業ができるレイアウトは限られる。

また、アーティストを起用して、現代人の感性に合い、かつ個性を重視した店舗デザイン設計も行なっている。

加えて、内装施工や給排水、給排気、冷暖房等の設備なども、十分に考えた店づくりをしなければ飲食店としての店舗力は十分に発揮できない。

資産価値維持のための再投資とメンテナンス

また、飲食施設の資産価値維持のために、再投資及びメンテナンスを行なうことなども、「店舗銀行」の重要な業務の一つである。

建物や外装の劣化は即、集客に影響するが、「店舗銀行」が計画的に建物の補修や外装の追加投資をしていく。

ここが分譲マンションとは異なるところである。

分譲マンションなどの不動産投資では再投資が義務化されていないため、老朽化が進む一方となるマンションが多い。

現在の分譲マンションでは修繕積立金がきちんと徴収されていないケースが多く、問題になっている。また管理組合自体が機能していない場合もある。

しかし、資産価値の維持に重点を置く「店舗銀行」システムでは、計画的に再投資を行なっている。

ビルの補修、外装、設備のリニューアルなどを計画的に行ない、安定した収益力を確保している。その保全のための再投資を、すべて「店舗銀行」が負担することで可能となる。

経営計数から割り出した合理的な定額賃料設定

家賃の設定は、「店舗銀行」システムにおいて重要なポイントであるから、ここで説明しておきたい。飲食店は、レイアウトを決めた段階で、つまり店づくりの骨格構図ができた段階で、売上高の試算が可能になるものである。

それは、

客数（客席数×一日の回転数）×客単価

のシミュレーションによって導き出される。

「店舗銀行」システムではそのシミュレーションの中から、経験上、この立地にあるこの店なら、ここまで可能という無理のない売上高を割り出し、月々の家賃を設定するのである。

それも「率」ではなく、「金額」にして固定する。

率でいくと、経営者が大いに頑張って売上高を大きくしても、家賃も比例して多くなり、経営者の取り分が相対的に少なくなる。

逆に少ない売上高の場合なら、その少ない売上高からさらに定率を家賃として引かれることになって経営者には痛手となる。

また同時に率ではなく「額」で固定すれば、それが経営者にとっては努力目標になる。その金額さえクリアすれば、店の設備・造作に出費する必要がないから、あとは売上高が多くなればなるほど、経営者が得る儲けは増えていく。

逆に、それ以下の売上高では、経営者としての資質が問われかねない。過去の実績から割り出した賃料であるから、決して無理な金額ではなく、経営者の能力次第、努力次第で、どこまでも収入を増やしていくことができるのである。

金額で固定する、この合理的な賃料設定は、私は「店舗銀行」の「良心」だとさえ考えている。

開発で儲けず、運用で収益をめざす

また、「店舗銀行」は投資家に区分を販売する際、開発原価での販売である。

このことは「店舗銀行」の趣旨でもあるので、もう少し詳しく言及すると、次のようになる。

開発利益を得るために高く販売すると、当然ながら販売額に対して「店舗銀行」は高い利回りを保証しなくてはならない。

これは自己矛盾と言ってもいい。

さらに、将来の買い取りにおいても、開発利益まで含んだ引き取り額になるという不合理が生じる。だから開発原価で販売することが、正しい選択となる。

販売で利益を得ずに、運用ノウハウで収益を確保することで、いざというときの換金にも応じることが可能になるのである。

内装設備付き新装店舗にかかる工事代金の合理的な算出

ジャスマック所有の商業ビルでは、一〇坪前後の区画で内装施工している。多様にデザイナーを登用し、設備・厨房機器類を除き、新装された店舗から、飲食店経営者に直接内覧してもらっている。図面や完成予想図ではなく、実物の内装を見て、具体的な開業イメージを抱いて出店いただいている。

先行する新装工事には、区画毎に予算を決めているが、これはジャスマック独自のシステムに、区画レイアウト毎の席数・想定顧客単価・回転率を入力し、このシミュレーションにより、妥当な賃料を算定しているのだ。そして、算出された賃料の坪単価を入力する。

ここで大切なことは、坪単価を［⑧床家賃坪単価］と、［⑨内装設備坪単価］に分割することである。

［⑧床家賃坪単価］は、将来、建物にかける資金に充当させ、お店様が使用される、いわゆる専有部分以外の改修工事のためにプールしておく。天災だけではなく、躯体や給排水管、建築設備、消防設備の老朽化による改修、美観上の修繕、電気、水道などの子メーター（私物メーター）は、八年や一〇年と使用期限が計量法で定められている。一定年数が経過するごとに、建物に対する設備投資が必要となる。

賃料坪単価のうち、［⑨内装設備坪単価］が、先行投資した新装店舗の内装工事における回収原資となる。

「店舗銀行」システムは単なる居抜き店舗ではない

ここで、最近話題の設備付き物件、いわゆる居抜き店舗についても触れておきたい。

飲食店は多額の出店費用がかかる業種であるため、安く手に入れる居抜き店舗を利用しようという人は多い。最近はインターネットを駆使した居抜き物件の専門紹介会社もある。

確かに、繁盛店の経営者が高齢などを理由に引退した店をそのまま引き継いだ、というケースなどは、店の顧客も一緒に引き継ぐことができるから、これ以上のメリットはない。ただし、そういういい店は、往々にして内々で後継者が決まり、一般に出てくることは稀である。

多くは、現在のオーナーが立地選びを間違えて経営に失敗したなどの理由で造作権が売りに出ている物件である。したがって撤退・廃業することになった理由を把握することが必要だ。

例えば、物件の中には、退店したいのだが、家主との賃貸借契約に「退店の場合には原状復帰すること」とあり、解体費用がかかるので居抜き店舗として、たとえ安くても造作権を売ろうと考える場合もある。

こういった居抜き店舗でもっとも慎重にチェックしなくてはならないのは、目に見えない給排水や給排気などの設備である。

せっかく安い居抜き店舗を手に入れたと思ったら、水漏れや臭いなど、給排水、給排気に大きな不都合が見つかったり、電気やガスの容量が不足していて厨房が使えない、などのトラブルに見舞われ、結局、改修工事費が高くついたという話は決して珍しいことではない。慎重の上にも慎重にチェックすべきであろう。

また、たとえ造作権の売買が合意に達したとしても、新しい経営者は家主と直接契約しなくてはならない。

その際に、家主が家賃を値上げすることもあるから、造作権買い取り前に賃貸借条件などの確認が必要である。

入店した店舗がしっかりと商売できるために

各拠点での施工にかかる物品単価や、施工内容がわかるよう、各工事を依頼する業者様には、弊社システム内で、工事見積もりを起こしてもらっている。異なる仕様、ビスや下地が適材であること、値上がり等の材料には、代替可能なものを選定するからである。そのために工事見積もりを、定価ですべて入力し、一括で値引きをかけることを禁止にしている。この方法だと単価に意味を持たなくなるからだ。詳細の金額がわかるよう、申請をお願いしている。

施工方法は、日々進化している。建物への負担軽減、工期短縮、耐久性の追求等々には、業者様とのコミュニケーションが重要なファクターだ。

内装設備付き新装店舗の施工を行なう上で、施主は、デザイナー、現場監督と密にコミュニケーションを取る必要がある。施工状況を細部まで把握していないことで、トラブルが起こった際、原因が判明しないことは、よくあることだ。

必ず工事には、黒板を当てた画像を撮影してもらい、システムに保存している。情報は、トラブルなどが発生した場合に直ちに箇所を特定し、閲覧できるよう、システム構築をしてきた。

NO.	工事名称	工事内容	呼称	数量	単価	金額	備考
2.	主体造作工事						
	フリーフロアー	パーチ20	平米				
	同　コンパネ		平米				
	際根太		式				
	天井軽鉄下地	H＝19型	平米				
	天井石膏ボード	9.5	平米				
	壁軽鉄間仕切り	W65	平米				
	壁軽鉄開口		平米				
	壁ケイカル	8	平米				
	ふかし壁	W50	平米				
	ふかし壁ケイカル	8	平米				
	材料搬入費		式				
	値引き		式				
	カウンター取付		式				
	バック棚取付		式				
	壁面カウンター取付		式				
	同　補強金物		式				
	FIX枠		組				
	同取付		式				
	WC･厨房枠取付		箇所				
	WC手洗い取付		式				
	クローゼット取付		式				
	天井堀込解体･再造作	バック棚下がり壁含む	式				

また、継続して漏水が起こっている状況など、いつ、どのようなことが起こったのか、当社としての対応、入店者側で起こったことなら、テナントの対応など、細かく記録しておく必要がある。こちらも、もちろんシステム上に保存している。

即座に解決したからと記録しないことは論外だが、例えば、画像やテキスト情報を社員のローカル環境下に置いておくようなことはあってはならないことだ。日々蓄積される情報が、必要な時に抽出できなくなってしまう。

昔から、「現場監督の第一歩は写真を撮ること」とよく言われているが、「店舗銀行」のシステムはグーグル・クラウド・エンジンで運用し、細かくフォルダ分けをして、テキスト検索にて抽出している。ユーザーインターフェース上で、速やかに必要な情報にたどり着くこ

とが大切である。

テナントでも、工事業者でも、「言った言わない」の要素をつくることは、ビル管理の上で最も避けるべきことのひとつ。店舗銀行システムで、内装設備付きの新装店舗に入店したテナントが、当社の承諾を得て、追加造作を施す場合がある。承諾内容を把握できるよう、双方捺印書面を取り入れ、システムに保存している。

店舗経営者に夢の実現に専念してもらうために ジャスマック施工ルール①飲食業のための構造

適正な賃料を決めるための大切なファクターとして工事代金の予算について前述したが、かける設備投資の金額は大切な要素でもあるが、各区画の内装施工は、当然だが安いだけでは意味がない。基本的にジャスマックのビルは、専有部分で当該店舗のみの単独配管ができるよう、逆梁（逆スラブ）構造となっている。梁が天井から突出するのではなく、張り出しが床にくる。つまりフロアレベルと呼ばれる床の仕上がり面の下に空間がある。そのお店の給排水管がその中で造作することができ、且つ上下階の遮音性を高め、天井高さも比較的取ることができる。
ここで、店舗銀行システムで飲食店開業していただくためのコンセプトをご紹介する。

はじめての飲食店開業を志す方々に、内装設備付き新装店舗をお貸しすることで、「夢の実現」を後押しします。

機能性と優美で雅趣に富む、「ＪＡＣＭＡＣ品質」を実際に感じていただきたい。

そして、デザイン施工は「素案段階まで」。そこに信念があります。

「素案段階」とは、厨房機器が一切入っておらず、店内もシンプルに仕上げていることを指します。

必要設備、機器類は、お打ち合わせを行なったのち、弊社にて納入します。見にきていただいた

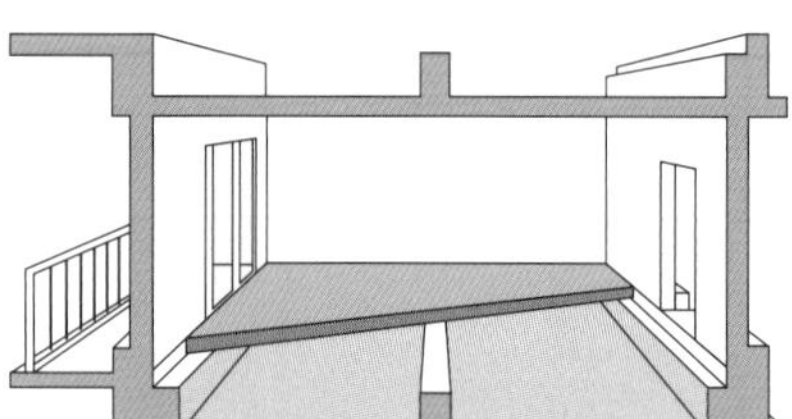

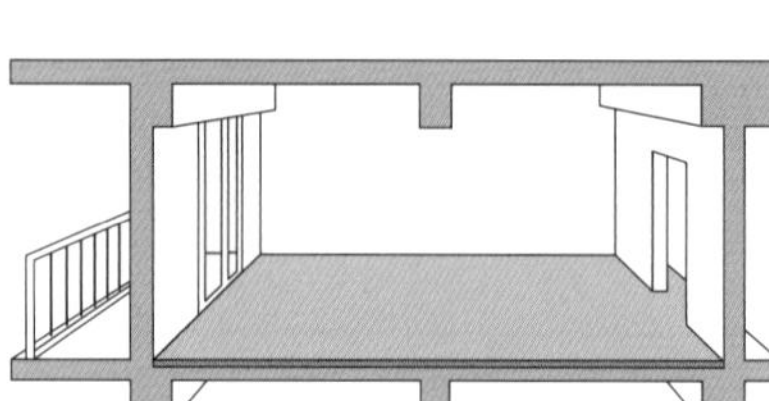

際、「ここにコールドテーブルを、こっちにレジを…」と、空間でイメージしていただけます。「素案段階」のお店に、経営者の「個性」が融合し、店づくりは完結します。

株式会社 ジャスマック

つまり、デザイン上の内装は完成させながら、出店業態に合わせ、機能面での補完は出店者が決まってからとなる。

例えば、先に紹介した逆スラブの床構造でも、ジャスマックルールがある。きちんと際根太に束をコンクリートビスで固定し、アジャストフロアにパーティクルボード、コンパネを敷き、基本的に石や磁気タイルで仕上げている。

フロアレベルから、スラブ底であるグラウンドレベルまで、五五〇ミリ程度あるが、この施工により、仕上げを終えた後でも

容易に、床下に潜って配管をすることが可能だ。自分の業態やクセで、こちらにシンク、こっちに作業台……飲食業態が多様化する中で、個別具体的な「じぶんのお店」づくりに応えるための施工ルールである。

「永く持つ」であったり、強度であったり、正しい施工の方法は、様々あるが、その中で、「店舗銀行」ルールが各所に至る理由を合わせて紹介していこう。

店舗経営者に夢の実現に専念してもらうために ジャスマック施工ルール②レイアウトデザイン

店舗銀行システムでは、内装デザインをプロのデザイナーに依頼する。また、学生からアイデアを募って、そのデザインへの想いをカタチにすることもある。

「坪当たり二席」などと、当社では店舗レイアウトにおい

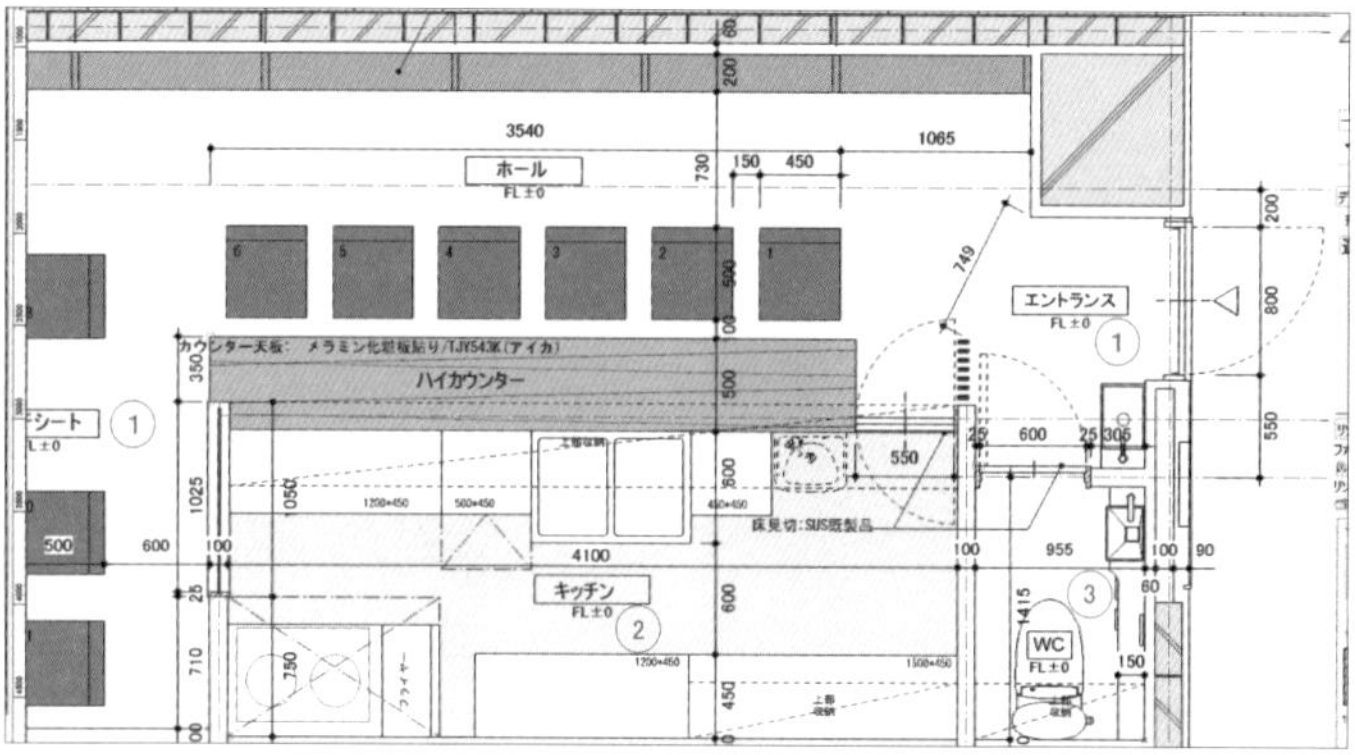

て、客席数を面積から割り出すことはしていない。席数は、区画やコンセプト、デザインによって変わるからだ。ただ、基本ルールとして、厨房：客席及びトイレの比率は、三：七、通路幅は厨房・客席共最低六〇〇ミリとしている。

この、最低通路幅六〇〇ミリだが、カウンター及びテーブルの天板からイスの背までを幅六〇〇ミリを見込んだ上となる。コンセプト・デザインや他要因の方が大切なので、すべてがこの限りではない。

店舗経営者に夢の実現に専念してもらうために
ジャスマック施工ルール③床

床際根太を組み、給排水管の布設を行なう。排水管の勾配は一・五／一〇〇は必須条件であり、これ未満の勾配となる場合は、ルートやレイアウトを変更することにしている。

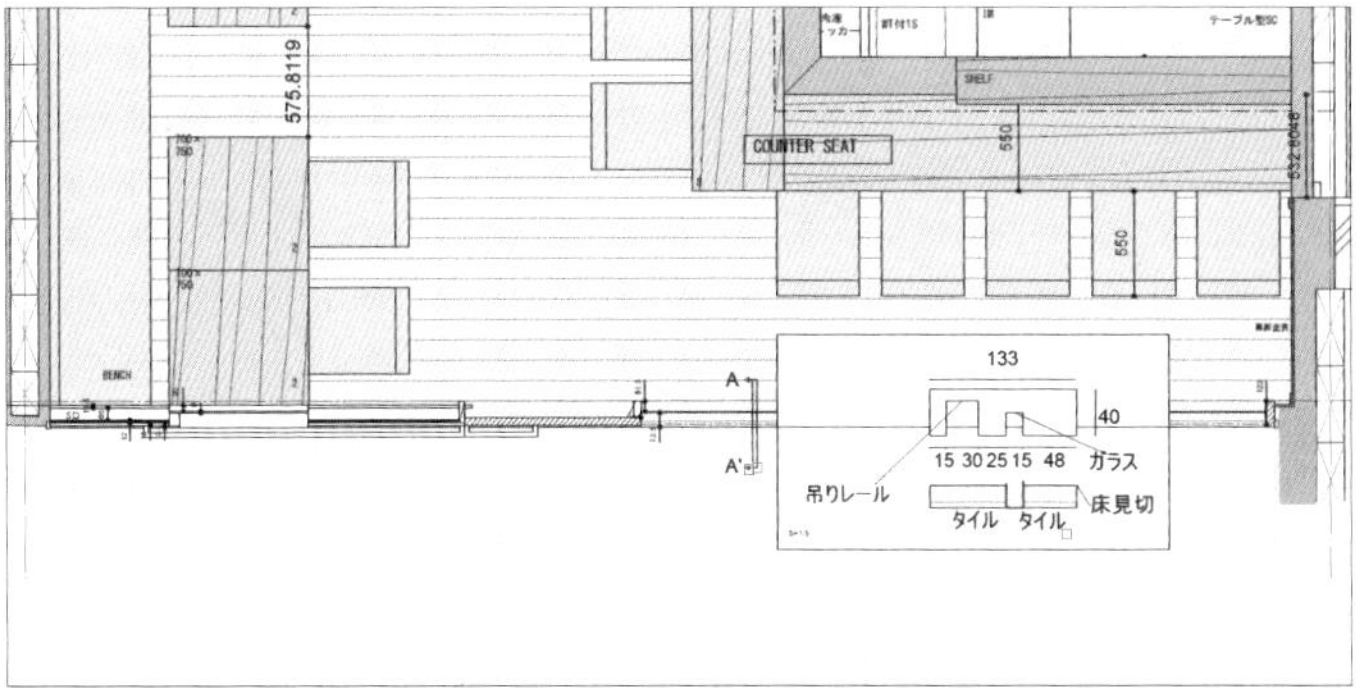

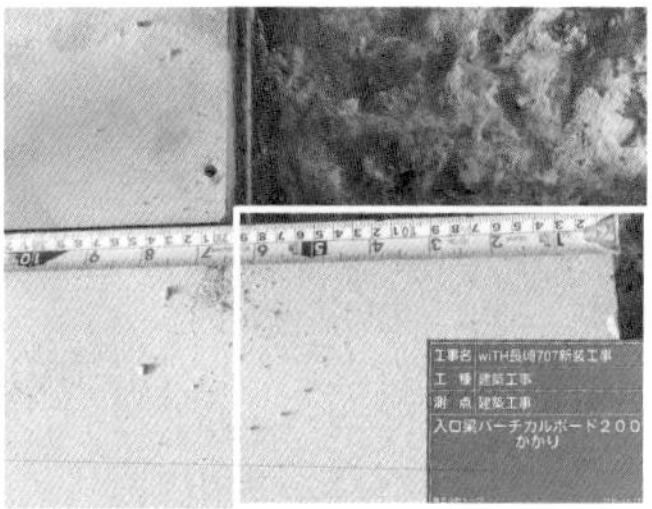

伸ばせるだけ伸ばしたパーティクルボード

伸ばせない梁上は、モルタルで高さ調整

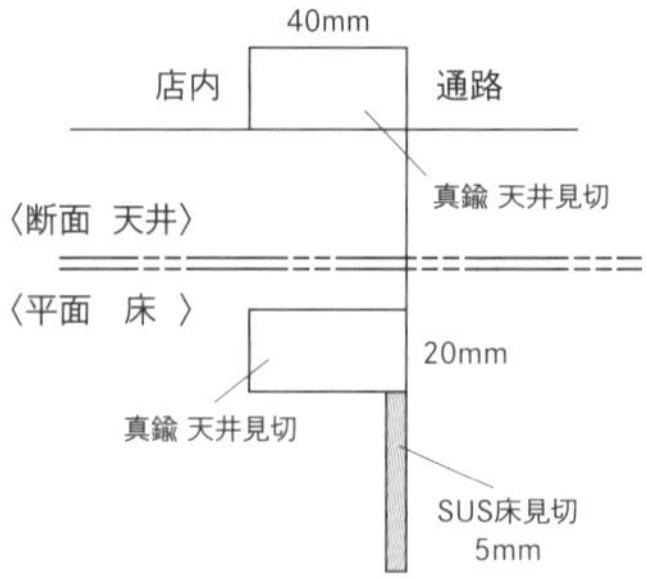

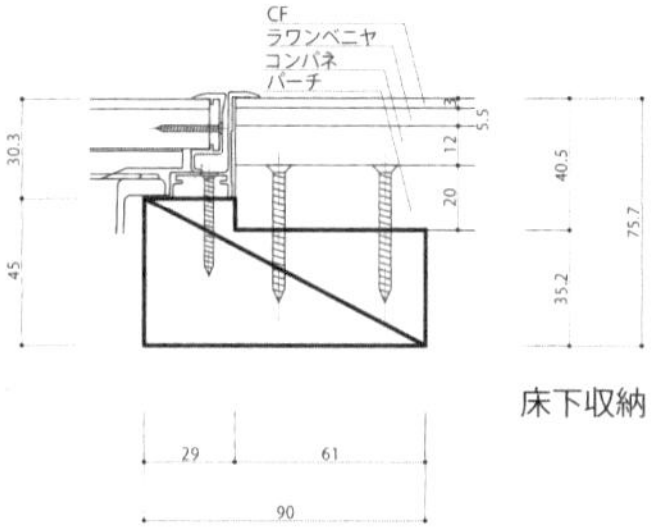

床下収納

床下地脚には二〇ミリのパーティクルボードを敷き、逆スラブの床梁にパーティクルボードが高さの都合で乗らない場合もあるが、これは断熱や吸音、吸放湿、伸縮強度を増すなどが目的なので、極力伸ばせるところまで伸ばす。壁際五ミリ、ジョイント部分は一二ミリの隙間を開け、パネル目地からゴミが落ちないよう、布テープで養生している。

トイレ、厨房の床仕上げは長尺シート（t＝三ミリ程度）であればコンパネ（t＝一二ミリ）を二枚、客席は磁気タイル（t＝一五ミリ程度）を使用する場合、フラットにするため、一枚捨て貼りを施している。

店舗経営者に夢の実現に専念してもらうために
ジャスマック施工ルール④壁、天井

基本として、躯体、界壁に沿うスタッド（軽量鉄骨の縦

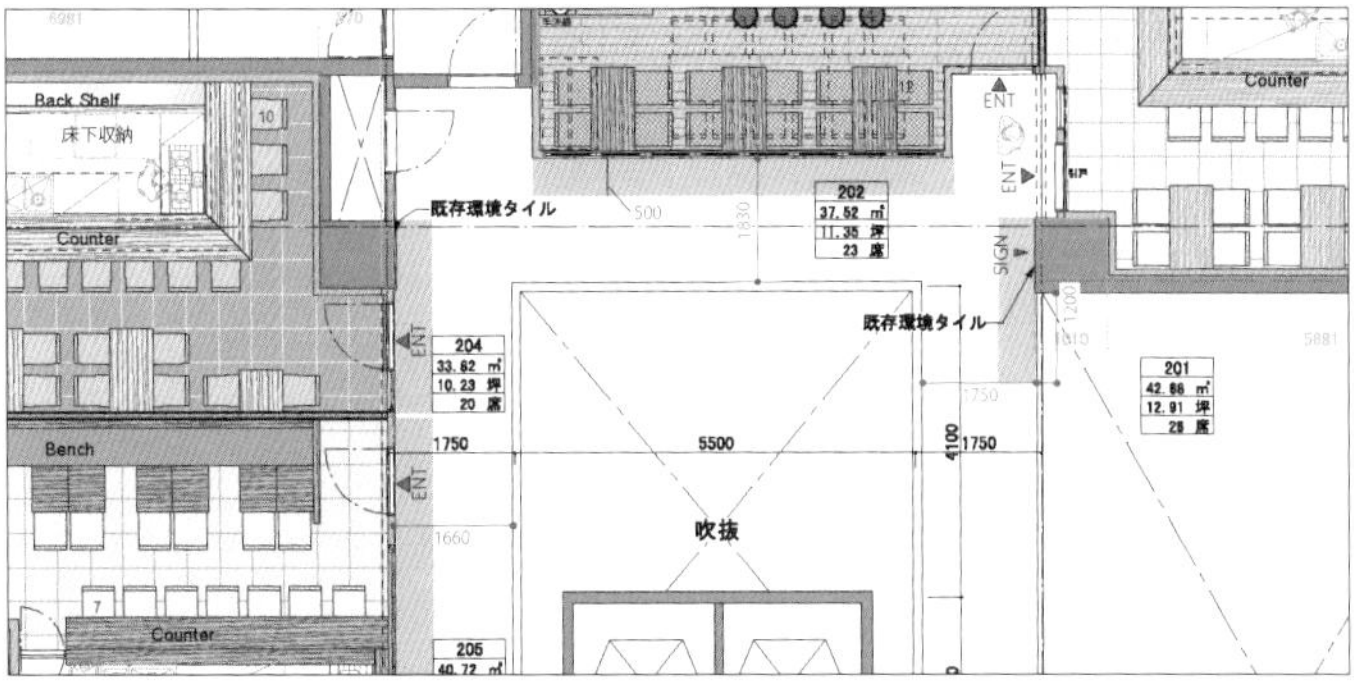

青色が営業中看板等掲出できるエリア

材）は四五ミリ、自立するトイレや厨房と客席の境界壁は、六五ミリでランナー（横材）で立たせる。パーティクルボード、コンパネまで貼ってから墨を出して施工し、壁の内部は、グラスウール（断熱・吸音材）を充填する。玄関の壁は特に慎重に計画している。

ファサードの共用部との境界に見切りを入れている。壁・天井は二〇ミリ×四〇ミリの真鍮、床は五ミリのステンレス見切りを専有部分側に溶接で固定。テナントが使用していい領域を表すリースラインは、絶対としているが、営業中のみリースラインから五〇〇ミリ出た

界壁壁はLGSを45ミリ使い/
荷がかかる箇所は補強

ところまで看板や傘立てを出していいというルールを作っている。

リースラインに合わせて、壁下地を造ってしまい、仕上げに使った巾木やサンメントを施し越境しまうと、ルールが曖昧となり、次第に物が廊下に出てしまってはいけない。大げさではなく、そのようなきっかけから雑居ビル化する可能性も視野に、丁寧に施工している。

壁に石やタイル、ジョリパット等、重たい仕上げを使用する場合、石膏ボードにコンパネを貼って仕上げるのではなく、より強固に接着するよう、必ずラスカットボードに貼っている。

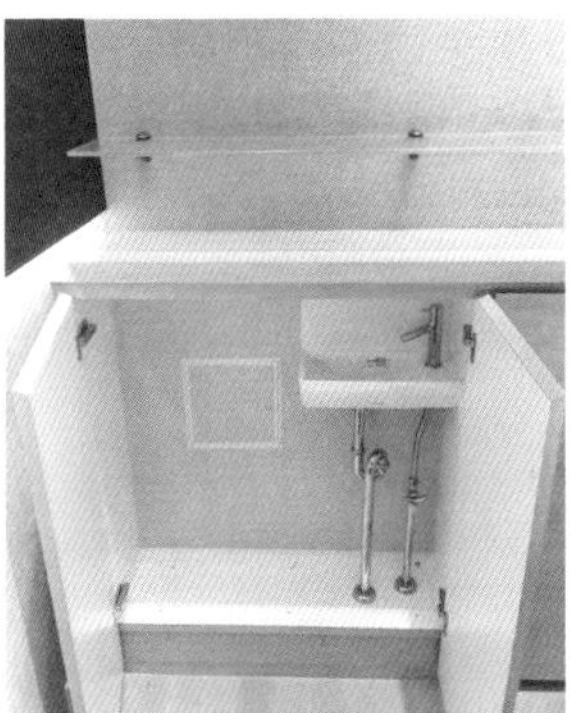

また、エアコンのドレン配管（空気中の湿気が凝結したものを排水させる管）は、上層階の場合、壁の中を通って、床下排水に合流させることが多い。新装後の店舗で施した追加造作の際、壁の仕上げ面からビスを打ったり、天井配管をやり直すことで、このドレン排水管を傷つけたり、または経年劣化によって、漏水することがある。

またどこにドレン排水管があるかも分からなくなることもよくあるので、「店舗銀行」では、ドレンから排水管への接続に、逆止弁のエアカットバルブを取り付け、壁には点検口を取り付けている。

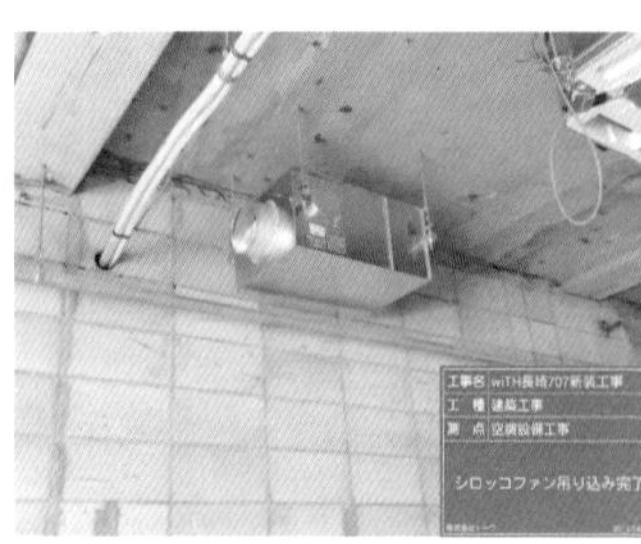

天井は「あと施工」となる。躯体には、繰り返しボルトを挿入しても耐えることができ

る、ゆるみ止め防止機能がついたアンカーを専用打ち込み棒で打設。ダクト等のため、躯体に直接吊りボルトが取り付けられない場合は、アングル等の鋼材を別に設けて、吊りボルトを取り付けている。

吊戸棚やシャンデリア等重量物でなくても、上部で持たせるものには、野縁《のぶち》（シングルバー・ダブルバー）や、野縁受（Cチャンネル）ではなく、吊りボルトを使用します。施工後に吊りボルトが取り付けられない場合は、穴の開いたL型アングルに持たせている。

また、天井の懐が一五〇〇ミリもないが、水平及び斜めへの振れ止め補強を施している。

エアコンは四方向吹き出しのうち、一方向を厨房フード位置（ガスレンジ位置）に近いところでパンカールーバーを取り付ける。

これは、夏場、厨房に冷房を効かせるためで、緩やかに配管することで、1／4までいかなくとも風量は出るようになる。

天井のスプリンクラーヘッドや非常放送用スピーカー、感知器、照明器具、非常照明、排気グリル、吸気口等は、通せるだけ通している。

店舗経営者に夢の実現に専念してもらうために ジャスマック施工ルール⑤仕上げ

床のタイル割りは、基本的に玄関三方枠の芯をタイルの芯として揃え、隅が四〇ミリ以下になる場合は、タイル目地としている。

玄関のすぐ脇に 3 路スイッチ

玄関建具の芯がタイルの芯

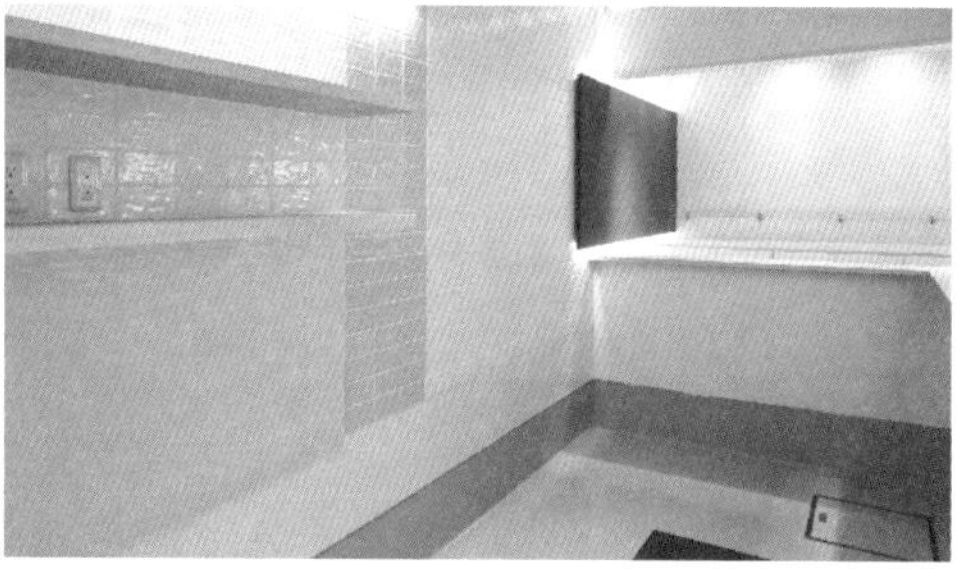

長尺シートは300ミリ立ち上げ見切り材で留める

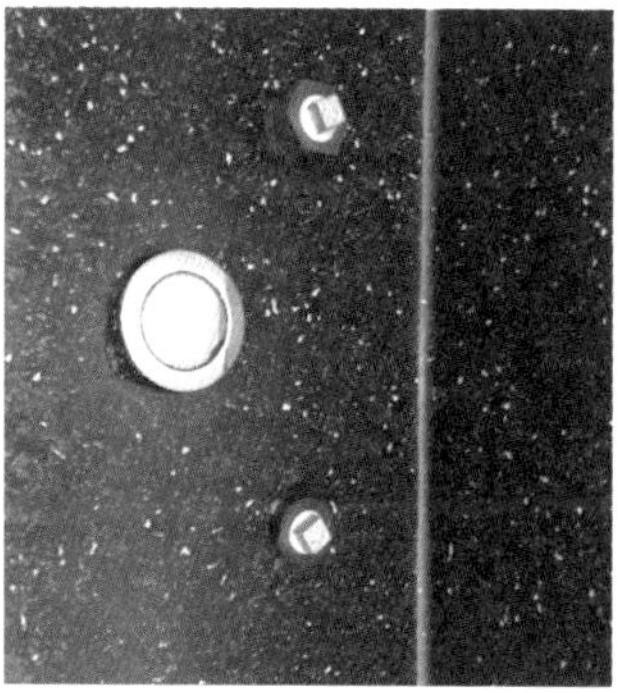

夜のみの営業の場合、暗い中スタッフが入室することも想定して、三路スイッチを取り付けている。

厨房の床仕上げは長尺シートは三〇〇ミリ立ち上げて、F見切りで留めている。長尺シート同士のジョイントは必ず溶接をする。この長尺シートは、簡易防水の役割を果たすよう、床下に水を落とさない施工が原則となっている。

簡易防水を果たせるよう床施工したにも関わらず、床に立ち上げた給排水管との隙間があっては、そこから水が落ちてしまうので、入店するまで、給排水管のキャップと、コーキングを施す。

厨房の壁は、不燃性・耐火性にすぐれ、また数年使用後も研磨、塗装をし直すことで美観上も衛生的となるケイカル板を極力使用している。

目透かしで、目地部に不燃材料の敷目板を使用する。ビス穴はパテ補修後に塗装をしても、数日で浮いてくることがよくあるので、仕上げ後の補修を必ず当初より見込んでおく必要がある。塗装には、素地調整後シーラー処理を施したのち、外部用合成樹脂エマルジョン塗料、アクリル樹脂塗料、ウレタン樹脂塗料を使用するが、デザイン上、タイルを使用することもある。

ＦＣとはまったく違うシステム

念のため、「店舗銀行」システムは、一般に言われるＦＣ（フランチャイズ・システム）とはまったく違う仕組みだということを確認しておきたい。

ここで敢えてＦＣに言及するのは、

《「フランチャイズ」というと比較的簡単にもうかる商売と思っている人々も多く存在し、安易に取り組んで失敗するケースが多々あるからです。》（『フランチャイズ・ビジネスの実際』〔内川昭比古著、日経文庫、二〇〇五年〕）という指摘もあるからだ。

フランチャイズの定義はさまざまだが、中小企業庁のホームページを見ると、

「一般的には本部が加盟者に対して、特定の商標、商号等を使用する権利を与えるとともに、加盟者の物品販売、サービス提供、その他の事業・経営について統一的な方法で統制、指導、援助を行ない、これらの対価として加盟者が本部に金銭を支払う事業形態である」

とされている。昨今の日本政府による「働き方改革」の推進の中で、セブン－イレブンのＦＣ本部とオーナーとの確執は社会の耳目を集める出来事となったが、「店舗銀行」システムは、いろいろな面でＦＣと決定的に違う。

いちばん大きな違いは、「店舗銀行」システムの経営者は、店の経営についてはすべての決定権を持って自ら思い通りに経営できるが、一方、ＦＣでは独創性や経営の自由といったことが制限される。

ＦＣ本部と加盟店は独立した企業体であるにもかかわらず、加盟店はメニューや販促、サービスの方法、仕入れルートなどの変更ができない。

一方、本部は加盟店の考えに関係なく、営業政策やシステムの変更を行なう。コンビニ店の例で、かつて狭い地域に本部が一方的に別の加盟店を出店した。営業的には大変マイナスであると抗議をしたが、契約上、加盟店にその出店を拒否する権利はないと言われたというケースもある。

このような本部の統制や加盟店への制限は、ビジネスの主体があくまで「ＦＣ本部」にあることを示している。つまりフランチャイズ・ビジネスは、加盟店というよりは、本部のためのビジネスであるということである。

「店舗銀行」システムにおける経営者は、「店舗銀行」がつくった店舗を借りて開業するだけであり、ＦＣのフランチャイジーが背負う設備投資リスク（店舗の所有や店づくりの費用など）からも、完全に免れている。したがってたとえ失敗したとしても借金を残さず、人生の再挑戦で成功をめざすことも可能となる。

ともあれ、ＦＣに加盟するには、かなりの初期資金が必要となるので、それなりの覚悟が必要だ。曖昧な動機や、加盟さえすればあとは本部が何とかしてくれるだろうという安易な気持ちでは、失敗することになるだろう。

また、やる気と能力のある社員の独立を、資金面、経営面でバックアップする「社員独立支援制度」を採用している企業もあるが、この場合、独立後も、本社とは資金面（銀行融資の連帯保証や株式保有など）で密接に繋がっていることが多く、店舗の賃借権・経営権を持って完全に経営者が自立している「店舗銀行」システムとは、異なる制度であることも指摘しておきたい。

経済的に自立するために

私はこれまでの著作で何度も、いかに国も会社もアテにできないかと発言してきたが、近年、社会がいよいよその方向に進んでいるのは確かである。

国などはむしろ「頼らないでくれ」と、半分悲鳴に近い言葉を発しているような気さえする。

ではどうしたらよいのか。

国や会社を頼るいちばんの根幹には「家計」があるのだから、少なくとも経済生活の面で自立することだ。

国が相手ならば、少なくとも年金などは要らない、くらいの自立であり、会社が相手なら、いつリストラされても困らないと言えるほどの自立である。

年金だけに頼っている、あるいは会社の給料だけに頼って生活している、というのでは、自立はできない。年金や給料にプラスして得られるお金を確保しようというのだ。

といっても、大金ではない。

ここで必要とするお金は、他でもない「生活する」ためのお金である。私たちの生活に本当に必要なお金は限られている。自分の生活を振り返ってみれば、誰にも理解できるはずだ。

持ち家のあるなしや家族構成で多少事情は変わるものの、年金や給料にプラスして、毎月、安定して一定額のお金が入ってくれれば、いざというときに十分備えられるのではないだろうか。

ここで「安定して」という点がキモになる。

人生、何があるかわからないからである。

病気をして入院することもあれば、老いて、仕事ができなくなる事態にも陥るかもしれない。

どんな場合にも、人間らしく生きていくだけのお金が手元に入ってくることが必要なのだ。

安定して、という言葉には、心の安定も含まれる。

ここにまとまった額の現金があれば、心安らかに、人間らしい、穏やかな生活ができるかといえば、そうでもない。

というのは、人はたとえ手元に大金があっても、今後の収入が見込めないと、それに手を付けるときに複雑な心境に襲われるものなのだ。

大金といえども、手を付ければ減っていく。それが怖い。いつまで生きるかわからないから、「死ぬ前に底を突いたら」、「生きているうちに大病したら」と心配になって、かえって積極的には使えないのだ。

大金よりも、むしろ必要な額のお金が、毎月定期的に手に入ってくるほうが気持ちもまた安定するのである。

勤労所得にプラスした収入があれば

「店舗銀行」システムは、店舗経営者と毎月安定した投資に応じた家賃を受け取ることで、自己年金にしたい店舗オーナーとが、それぞれ国に頼らず経済的に自立するためのシステムです。

ではどうしたら、生活に必要なこのお金がつくれるだろうか。

ここで、収入といったときに、すぐに働いて得るお金（勤労所得）を連想してしまうのであるが、所得にはもう一つ、勤労によらない収入（不労所得）がある。

額に汗して得る収入を尊ぶ日本人は、不労所得というと、何か不法なことで手にする収入のように眉をひそめる傾向がある。

だが、普通に私たちが得ている預金や国債の金利、家賃収入などはすべて不労所得だ。決して遠ざけるべきものではなく、お金を得る方法の一つにすぎない。むしろ、本人が稼がなくとも、正当な手段によって財産（お金や不動産など）そのものが稼いでくれるなら、これほどありがたいことはない。たとえ財産の持ち主が病気になっても、年中無休で働き続けてくれるのだから。

だから、勤労所得にプラスして、この不労所得を得る。つまり二足の草鞋《わらじ》で生きる方法を、積極的に考えるべきだ。

しかも生活の支出が月単位であることからすると、経済的な自立を可能にするのは、一にも二にも、月ごとに得られる定期収入（不労所得）である。

ここに勤労所得とは別に、病気になっても、老いて働けなくなっても、死ぬまで受け取れる月単位の定期収入があれば、どれだけ安心して暮らすことができるだろうか。

贅沢三昧ができるというのではないが、長く、堅実に生きていくことができるだろう。

これこそ、生き抜く経済力と言っていい。

そうなれば、ただ生活の資を得るためにむなしくあくせくする必要もなく、お金に振り回されない生き方が現実のものとなる。

さらに言えば、そうした収入があれば、世のため人のため、無報酬のボランティアや福祉活動に身を投ずることもできるだろうし、芸術の分野で自己実現を図ることも可能になるだろう。

あなたがチャンスを得て事業欲に目覚めたとしても、生活の支えになる不労所得があるならば、それが万一のときの備えとなって、思い切り積極的に事業に打ち込むことができよう。加えて不労所得は、経済社会のメカニズムから言っても、大変有効だ。毎月の収入が安定すれば、心置きなく使えるからである。

お金はただ抱えていても、本人にも社会にも何のプラスもない。

現代の日本では、若者に比べてお金を持っている高齢者が、モノを消費しないという傾向があり、それが経済活動にブレーキをかけているという側面は否定できない。

お金は使ってこそ価値が生まれる。それこそが経済サイクルだ。

現金収入＝キャッシュフローは血液のようなものである。生活する上でも、事業をする上でも、私たちに生き生きとした活動を保証してくれる。

勤労所得にプラスする、「不労所得」を手にしなくてはならない。

国からも会社からも自由であるために、どうすれば不労所得が得られるか、真剣に考えるべきだ。これは、全力を注いでも悔いのない、人生の大テーマであると信じている。

言うまでもなく、親から財産を引き継ぐならともかく、そうでない人が不労所得の源泉（資金）を獲得するには大変な努力が必要である。

しかし、これは自らに対しての実りある努力、自助努力である。努力して不労所得の源泉をつくること、そのことに意志と行動を傾注させること。その重要さを本書は強く訴えたいのである。

マイホームより財産づくりを

不労所得の源泉の獲得に全力を、と関連して、ぜひ指摘しておきたいのは、若い世代に多いマイホーム志向についてだ。

つまり、多額のローンを背負ってマイホームを買うよりは、まず、生活を支える財産づくり＝不労所得づくりを先行させたほうが得策だ、ということである。

むろん持ち家に住みたい気持ちを否定するつもりはない。自宅を所有する喜びも、よく理解できる。

問題は購入する時期であり、優先順位なのだ。

住宅ローンの呪縛に何十年と縛られることはやめて、自由にできるお金、借りられるお金があるなら、そのお金をまずは収入を生む財産づくりに投資したほうがよい。

第一の目的をマイホームではなく、財産づくりに置くのだ。財産ができてから夢のマイホームをつくっても、決して遅くはない。

私自身、賃貸住宅に住み続けた。自宅を建てたのは五〇歳になってからだ。私の場合は「家よりも事業」で、稼いだお金はすべて事業につぎ込まざるを得なかったという現実もあるが、マイホームより事業を優先させたという判断は間違っていなかったと思う。

もともと我が国では、賃貸＝家は借りて住むことが普通だった。

一般論から言っても、賃貸なら子どもの成長に合わせて転居ができるし、ローンという借金の心理的な重圧とも無縁だ。地価が下がれば、分譲マンションなら評価損が出るが、賃貸なら無関係である。

ついでに言えば、問題はマイホーム購入には多くの人に投資感覚があると思われる。家は住むためのもの、という以外の、資産としての期待が込められているようだ。

しかし、一戸建てならともかく、分譲マンションにはこれから先どれほどの資産価値があるかは疑わしい。

よく「いざとなれば売ればいい」と言う人がいるが、いざというときに売れなければどうするのだろうか。もし売れたにしても、元値よりはるかに安くなってしまったという話は、現代ではざらに聞く。

マンションにあまり資産価値は期待できない。

また、住宅を買ったために多重債務者に陥った人は多い。住宅ローンによる破綻は、その数も金額も大きいのである。

住宅ローン破綻の話を聞くにつれ、若い時、所有欲にかられ、住宅を購入してローンを払い続けるのは、人生設計としてどこか間違っているとさえ思う。

また、三〇代で買ったマイホームは、定年を迎える頃、建て替えるか大規模なリフォームが必要になる。

一戸建ては区分所有と違って土地の利用が独自にできるし、自由に建て替えもできるから資産としての価値もあるが、マンションは自由にならない。

集合住宅という性質上、古くなって補修工事をしようとしても、住民の大多数の意見をまとめるのは容易ではない。

よほどの良い立地でない限り、資産価値は年々下がり、再生もままならないということになる。

ここは発想を転換して、冷静に考える必要がある。発想の転換とは、人生での優先順序を変えよ、ということである。

繰り返すが、「マイホーム取得は二の次」、「財産づくり＝不労所得づくりを先にする」という考えに立つことが重要なのである。

生活の支えはインカムゲインであることが第一

ここで、「月単位、安全な不労所得」と言う以上、「店舗銀行」システムがめざす経済的自立が、キャピタルゲイン（売買益）によるのではなく、あくまでインカムゲイン（運用益）によるものであることを強調しておきたい。

キャピタルゲイン目的と、インカムゲイン目的とは、そもそも考え方が根本的に異なる。

キャピタルゲイン目的の投資は、まず売却ありきである。

多くの投資ファンドは、不動産を金儲けの手段にしているにすぎず、投資物件に対する愛着はない。売って儲かれば成功と考えている。

インカムゲイン目的の場合には、初めから「売却で利益を」という考え方はない。いずれ売却することもあるだろうが、基本的には長く保有し、常に利用価値を高めて、より多くの運用益を得続けるという投資である。

得られる収益を長期・安定で見るか、短期・一発勝負で見るかの違いだが、「店舗銀行」のような長期投資は、当然物件に対する愛着も高まり、それによってようやく安定した、持続的な収入が実現可能になる。

こうしてみると、「投資」という言葉は使っているが、むしろ安全な資産運用をどうするかという考え方であるといったほうがいいだろう。

投資の六条件と「店舗銀行」システム

さらに、確実にインカムゲインを得るために、資産運用法の良しあしとして六条件をチェックする必要があるといわれている。

安全性、収益性、流動性、社会性、成長性、信用性の六つである。

この六条件について、「店舗銀行」システムの特質を検討してみたい。（表）

まず「安全性」である。

現行の店舗銀行システムでは、店舗所有の裏付けである不動産権利証を、本人名義で投資家が手元に持つ。「店舗銀行」システムは、遠くない将来に、トークン発行に移行していくことになるだろう。ブロックチェーン（分散型台帳）を使用した不動産投資である。物件を裏付けとしたトークン（デジタル権利証）を投資家が受け取り、配当を得る仕組みだ。一般的な私募債による不動産ファンドではロックアップ条項がかかり、売却ができない。一方、トークン

投資六原則

重要 六原則	投資家の 出資対象	飲食店経営者の 出店対象
安全性	飲食店向けの好立地にある土地・建物の所有権が裏付け	少資本での開業が叶うため、初期投資の銀行借入による元利返済が不要
収益性	「店舗銀行」による毎月配当の保証	合理的な家賃設定による定額賃料、且つ売上歩合ではない
流動性	「店舗銀行」の投資物件の買取保証	事情があって経営をやめる場合は店を返せば済む
社会性	資本がなくても経営者になれる人間力による定額毎月配当	多くの人に喜ばれることによる
成長性	飲食店ビジネスは永遠	多店舗展開ではなく、将来に備えた貯えが出来うる
信用性	「店舗銀行」の50年以上、1日も遅れず配当を支払い続けた実績	健全な経営を続けることで常連客という資産が得られる

であれば、いつでも売却が可能である。事実、二〇一八年一〇月にはコロラド州アスペンのホテルにおいて、資本再編による当該物件を担保とするトークンが一八〇〇万ドル発行された。このように不動産の所有者及び開発業者は海外を含め広範囲に資金調達できるようになった。

今後、ジャスマックでは、「店舗銀行」システムの新しい金融証券化を取り入れる方向で検討している。

加えて、現在、「店舗銀行」は、「店舗銀行」システムで運用している資産の大部分を所有する最大の投資家でもあるが、その所有分を一般投資家所有分の劣後（優先順位が低い）と位置付けている。

万が一の場合も、投資家の所有する物件の買取と配当金の支払いを優先させることで、一般投資家の投資の安全性を担保しているわけである。

また、飲食店経営者からしても、小資本で開業が可能となるため、初期投資の銀行借り入れによる元利返済が不要である。したがって、借入金の返済でキャッシュフローが行き詰まるというリスクとは無縁である。

第二に「収益性」はどうか。

「店舗銀行」では、ネットで定額配当が得られる。

ネットとは、建物及び店舗への補修、改修などの設備投資は、すべて「店舗銀行」が自社で実行することが、契約書に明文化されている。

高配当を支払い続ける収益力は、投資家の資本力と、「店舗銀行」の儲かる店づくりのノウハウ、及び管理力、店舗経営者の人間力、絶えざる努力によってもたらされたものである。

繰り返すが、収益不動産はメンテナンスが不可欠である。ビルの外装、店舗の内装、設備のリニューアルなどを計画的に行なう必要がある。

このことが、実は安定した収益力や元本の安全性と密接に関連している。

その保全のための**再投資を、すべて「店舗銀行」が負担している。**

飲食店経営者には、家賃が飲食店の標準経営計数によって算出された設定で固定され、売上歩合でないために、努力すればしただけ自らの収入になる。

第三に「流動性（換金性）」はどうか。

不動産は換金性に難があるといわれている。

しかし「店舗銀行」では、飲食店における好立地の店舗という希少性と収益力が、投資物件の換金性を高めている。

事情があって換金を急ぐ場合には、「店舗銀行」が投資物件の迅速な買い取りを、これまで必ず実行している。

これについては契約書に明文化されているので、投資家は安心して必要なときに換金できる。

飲食店経営者にとっても、経営がだめなら、すぐにやめられるというメリットがある。「店舗銀行」システムから店舗を借りているだけなのだから、店舗を返せば済み、撤退に頭を痛めることはない。

さらに四番目として「社会性」にも注目したい。

投資家にとっては、単にモノへの投資ではなく、後に述べるように、人間力の発揮に利益が伴う「人間資本」への投資なのである。一つのソーシャルビジネスと考えられるのである。

一方、飲食店経営者は儲かる条件の揃った店舗で、本人のもつタレント性、人間力を存分に発揮し続けることができる。

五番目は「成長性」である。

後述するように飲食ビジネスが永遠のビジネスであることに加え、住居・オフィスなどのモノへの投資ではなく、飲食店経営者に対する投資、つまり磨かれ続ける「人間力」に対する投資であるからこそ、安定した収入が期待できるのである。

飲食店経営者にとっては、飲食店の好立地という立地での開業であるため、ファンづくり、応援団づくりは努力次第であり、将来はお金を貯めて投資家の立場になることもできる。

最後に、六番目、「信用性」である。

投資家にとっては、これまで五〇年近く、「店舗銀行」が一日の遅れもなく配当を払い続けている事実こそ、大きな信用性となろう。

飲食店経営者にとっては、生業店として健全な経営を長く続けることで、多くの常連客という何ものにも代え難い資産が手に入るのである。

以上の、「店舗銀行」システムにおける投資の特質を念頭に置きながら、一般的な金融商品、不動産と「店舗銀行」システムとの違いを明らかにしていきたい。

株、投信はキャピタルゲイン目的の金融商品

一般的な金融商品には、株式と投資信託がある。

株式投資から見てみよう。

言うまでもなく資本主義社会で「株式」は重要な位置にある。社債や増資などの直接金融によって、日本のみならず世界の先進国の経済が大きく前進してきたことは紛れもない。だから、株式投資を否定することは誰にもできない。

リスクを取って投資をする人がいることによって経済が成長するという現実もある。

株式投資で財を成したアメリカの著名な投資家、ウォーレン・バフェット氏は、株式投資を結婚に例えることが多い。十分に投資対象となる会社を知る。そして、投資すると決めたら、なかなか手放さない。こういう投資家は企業や、経済に欠かせない存在である。

しかし私は未だかつて、株を買ったことはない。さまざまな思惑で、日々、上がったり下がったりする相場のことは相場に聞くしかないといった、目先の損得にはまったく関心がないからだ。

株で大儲けした人も多いが、損をした人も多いのは事実である。

株式投資は大資産家がさらに資産を増やすための手段であるとも言える。そして彼らには相場を動かす力もある。

ある新聞には、次のようなことが書いてあった。

「株式投資で成功するには、金利・景気動向・財政戦略など、経済のファンダメンタルス（基礎的条件）を見極めることが大切だ」と。

専門家の中でも、このようなことができる人が何人いるだろうか。これがわからなければ株式投資ができないというなら、一般の人には不向きな投資であることは明らかである。

ともあれ、私が株式投資を資産運用の対象としないのは、基本的にそれが配当＝インカムゲインよりも、売買によるキャピタルゲイン狙いだからである。一般投資家もそうだし、ヘッジファンドなども売買だけが目的だ。

投資家がそうだから、経営者も株価を上げることに腐心することになる。

もともとアメリカ流の株主資本主義から言うと、株価を上げることが経営者の役割だ。

そこで自分の在任中に手っ取り早く「当面の株価」を上げるために、リストラを行ない、合併・買収や大型投資で無理な成長計画を描こうとする。

しかしそれによって株価が上昇しても、ここには、本来経営者がめざすべき「将来の健全な企業価値向上」という視点より、「現在の株価」のために「将来の企業価値」を食っているのだ。つまり、〈株主〉〈経営者〉〈従業員〉、会社が誰のために在るのかが問われている。

投資信託はどうだろうか。

投資信託は、主として株や債券に分散投資する金融商品だ。多くの人から資金を集め、運用はその道のプロであるファンドマネジャーが行なう。

投資信託の中身は、主に各種株式であるが、すでに見たように、株は買う人売る人の思惑で動き、時に理外の理が働く実に不安定な金融商品だ。投資信託はそれらをパッケージしているだけと言っていい。

不動産投資はどうか

このように、株式や投資信託という金融商品は、毎月定額の収入が得られる投資にはなり得ないことがわかる。ＦＸ（外国為替証拠金取引）なども事情は同じで、為替がこの先どうなるかはプロでも読みにくく、ほとんど賭けに近いと言っていい。

私はことあるごとに、カネでカネを買うような金融商品の危うさを説き、持つなら「実物資産」しかないと言い続けた。

実物資産といっても、「金《きん》」投資には賛成できない。

なるほど「金《きん》」は究極の実物資産だ。換金性が高く、全世界で通用する。問題は投資対象としてベストかどうかだ。

「金《きん》」は常に価格が上下するから、高くなった時に売却すれば、キャピタルゲインを得ることができよう。しかし、それだけである。安定的に収益を生まない上に、この先、価格が上がるか下がるか、誰にも予測できない。

繰り返すが、安全資産であっても、安定して収益を生むものでなければ、生活を支える投資対象にはならないのである。

キャピタルゲインが目的というなら、株の売買と何ら変わりがないのだ。

それでは、実物資産のうち、不動産はどうだろうか。

不動産投資には、アパート、賃貸マンションなど居住用不動産への投資、オフィスや店舗など商業不動産への投資が代表的なものであり、これらは収益不動産と呼ばれる。

自分の経験から、安定した不労所得をもたらすものは「収益不動産」しかないと断言できる。まさしく、Real Estate（本当の資産）なのだ。

居住用不動産はリスクが大きい

前述のように、収益不動産には二種類ある。住むための居住用不動産と、事務所や商売に利用される商業不動産である。

まず、家賃を得る居住用不動産が、投資対象としてふさわしいかどうかを見てみよう。

これまで貸家や賃貸マンション経営は、サラリーマンの理想的な老後対策だといわれてきた。ただ、投資対象として考えると、居住用不動産には、いくつか注意しなくてはならない点がある。

まず、日本の人口動態の問題がある。

第1部で触れたが、日本はこれから人口減少が続き、特に居住用賃貸市場を支えてきた単身者や新婚家庭など、若年人口が減少傾向にある。

その上、単身者でも大人になったら家を出て一人暮らしをするという常識が崩れ、親と同居し続けるパラサイトシングルが多くなっている。

この傾向は、今後も増えていくことが予想される。

さらに、日本全体の人口減少に歯止めがかからないことが要因となって、居住用不動産は供給過剰になり、空室が出やすいなどのリスクが生じている。

空き家問題は、現代の大問題だ。

さらに入居者にとって、家賃は生活費から支払われる、エクスペンス（純然たる出費）である。家賃は、そこで生活するために必要だという以外に、何の見返りもない。できれば安くしたい出費だ。

そこで、供給過剰になれば家賃が安い物件に移る人が増え、期待通りの賃料を取ることも難しくなる。

こうしたことから考えると、居住用不動産は投資対象としてリスクが大きいと言わざるを得ない。

オフィスなどの商業用不動産は大手のプロジェクト

オフィスや店舗などの商業用不動産への投資は、魅力的と言えるだろうか。

居住用不動産の家賃がエクスペンス（純然たる出費）であるのに対し、オフィスや店舗などの商業用不動産の家賃は、テナントにとっては利益を生み出すためのコスト（出費）である。コストであるからには、それを上回る利益が得られるなら、テナントは高い家賃を支払ってもいいと考える。

ここに、居住用不動産と商業用不動産の最大の違いがある。

それは家賃の滞納率の差となって現れる。

事業用不動産のテナントにとって家賃は生産のためのコストで、これを払わなくては生産が止まってしまう。だから、何があってもきちんと家賃を払おうとする。

しかしアパートの入居者にとっては、家賃はできれば払わないで済ませたい出費であり、したがって滞納が起こりやすい。

物品販売業なら、高い家賃を払ってでも駅前の一等地に店を出そうとする。一般企業にしても、企業イメージを顧客にアピールするため、オフィスエリアの一等地に本社を置こうとする。

一等地のオフィスビルや駅周辺の商業施設は、家賃を高く設定できる。それでも駅から近ければ、テナントに事欠くことはない。

しかしその建築費は膨大である。だから開発業者も、開発費用を社債や株式の直接金融で調達できる巨大企業に限られる。

一般の人にも手が届く、小規模なオフィス用ビルもあるが、一等地から離れたオフィスビルは空室リスクが高くなる。人通りから少し離れた途端、魅力のないものになり、思うようにテナントが集まらないのが実情だ。

オフィスビルは立地がすべてである。

そういう空室リスクの少ない優良一等地は、莫大な資金が有利な条件で調達できる巨大企業に、ほとんど押さえられている。さらにＡＩ化、経営資源の高速ネットワーク化により需要は減退している。

飲食ビルへの投資が有利な理由

こうして見てくると、ひと口に不動産投資といっても、誰もが手にでき、投資に適しているものは見当たらないように思える。

しかし、一般的にはほとんど見過ごされているものの中に、非常に優れた投資対象がある。それこそ、飲食関係、つまりスナック、居酒屋、割烹などの飲食業（店舗）である。

「店舗銀行」システムが五〇年近くにわたって継続してきたもっとも大きな理由として、投資対象を飲食業（店舗）、それも一五坪以下の小さな生業店に限定してきたということが挙げられるのである。

飲食業（店舗）への投資は、これまで大きく注目されたことがない。

水商売という偏見や誤解が世間に根強かったため、大企業が外食産業と呼ばれるファストフード店やファミリーレストラン以外の飲食店、特にお酒を主体とした分野には参入してこなかったのである。

これは早くから飲食分野に着目した私にとって、幸せなことだった。現在に至るまで、大資本を持つ強力な競争相手が存在しないからである。

しかし子細に見れば、飲食業はビジネスとして誠に強いのだ。収益不動産への投資の中でも、高い収益の上がる投資法なのである。

なぜだろうか。

それは、飲食業で働く人々、とりわけ経営者（店主）の仕事ぶりが、他の産業とはまったく違うからである。

ひと言で言えば、飲食業の経営者には、企業の生産性を低くしてしまう「サラリーマン意識」がゼロなのである。

稼げば稼ぐだけ、自分の収入が増える。それが飲食業の経営者だからなのだ。

つまりこの後で見るように、それぞれの経営者が、一人ひとり、自分の店舗を自己実現の舞台として、生きる糧を得ている生業店なのである。

生業店であるからこそ、経営者は自分の魅力、サービス力、時に技術力といった人間資本＝人間力をどこまでも発揮しようとする。

彼や彼女たちは、お客を店に惹き付ける努力を惜しまない。

そのためには、自分の持つ技術やサービス力を磨くしかないことをよく知っている。

人間資本による付加価値をどこまでも追求できる「人間主役型サービス業」、それが飲食業の本質であり、労働生産性が極めて高く、努力次第では大いに儲けることができる分野である。

この事実こそ、飲食業（店舗）への投資が、高い収益を生み出す秘密なのだ。

しかも、飲食業で稼ぎ、将来、現役引退後は貯めた資金を元手に、自らが「店舗銀行」の投資家になる人も多い。

第3部 case study

いま、全国で進む
「店舗銀行」システムを使った地域再生

県下最大の繁華街からスタート——長崎市・浜町

ここまでお話ししてきたように、「店舗銀行」のシステムは、私たちジャスマックの所有する商業ビルを中心に運営され、多くの投資家に配当を続けてきたが、この「店舗銀行」システムによって、地域の活性化のお手伝いをさせていただけることがわかってきた。第3部では、その取り組みについて紹介していきたい。

ジャスマックは東京 港区青山の本社のほか、日本の北と南にそれぞれ拠点を設けている。北は札幌支社と青森営業所、南は福岡営業所、熊本営業所、そして九州支社である。ジャスマック九州支社は、長崎県長崎市浜町にある。長崎は私にとって特別な場所である。敗戦後、着の身着のままの状態で中国から引き揚げ、初めて日本の土を踏んだのが長崎の浦頭港であった。そこには今も、浦頭港引揚記念碑が七〇年以上も前の歴史をひっそりと伝えている。

さて、話を現在の長崎市浜町に戻そう。浜町の読みは正式には「はままち」であるが、地元の人びとは「はまのまち」または「はまんまち」と発音することが多い。

浜町は町名が示すように、もともとは長崎湾の浜辺に位置していた土地なのだが、江戸時代前期の一六六三（寛文三）年に埋め立てられ、現在は海岸線から約一km も離れている。何丁目、という「丁番」を持たない単独町名であり、一九六六（昭和四一）年に「東浜町」と「西浜町」が合併して現在の町域・町名に変更された。

浜町は長崎市中心部にあり、北西から北側は中島川を跨いで築町・賑町、北東側は万屋町、南東側は油屋町、南側は本石灰町、南西側は銅座町、そして西側の一点で江戸町と隣接している。

路面電車である長崎電鉄の「浜町アーケード」駅を起点として、南東方向に伸びる国道三二四号沿いに広がる「浜の町アーケード」は、「浜んまち商店街」の愛称で親しまれており、長崎市内でも随一の繁華街として知られている。

こうした駅前商店街は、近年は全国的に

浦頭港引揚記念碑

どこもシャッター街と化して寂れている場合が多いものだが、その中で「浜の町アーケード」は、比較的賑わいを見せていると言われている。これは、長崎市の市街地の周囲が山で囲まれているため、他の地方都市のように郊外型の大規模店舗が進出しづらいという地形的要因によるところが大きいようだ。

歴史的に見ると、浜町の西側には、江戸時代にオランダ商館の置かれていた出島がある。日本が鎖国政策を取っていた時代（近年の歴史教育では、いわゆる「鎖国」はなかったとして、教科書からもこの用語は抹消されているようだが）、オランダを通じてヨーロッパの文化や風物を国内に採り入れる窓口であり、歴史のロマンと異国情緒あふれる土地柄だ。

そして、浜町の東側、「浜の町アーケード」の終点から続くのが思案橋である。江戸時代、この思案橋の南東側に広がっていたのが、「江戸の吉原」、「京都の島原」と並んで日本三大遊郭の一つと称された長崎の丸山遊郭である。

当時、丸山遊郭との間には川が流れており、手前に架かっていた橋の名が思案橋であった。この名は、かつて遊客たちがこの丸山遊郭へ行こうか戻ろうか、この橋の上で思案した、ということに由来する。ちなみに、思案橋を渡ると、丸山遊郭の大門の手前にも小さい橋があり、こちらは思切橋と呼ばれていた。

写真左上・下　浜町商店街の賑わい
写真右上　アーケードから電車通りへ抜けるパサージュの入り口

なお、「思案橋」と名付けられた橋は現存せず、周辺の歓楽街の地名としてのみ残っている。また、当時思案橋が架かっていた川は暗渠《あんきょ》となっており、現地付近には思案橋跡と呼ばれる橋の欄干を模した石碑が建立されている。

ジャスマックの「店舗銀行」システムを運用する商業ビルである「思案橋　ＷＩＴＨ長崎」は、この暗渠の手前、かつての思案橋のたもとの付近に建てられている。

電車通りと浜の町アーケードを結ぶパサージュ〝思案橋　ＷＩＴＨ長崎〟

ジャスマック九州支社は、この「思案橋　ＷＩＴＨ長崎」にある。

長崎市浜町一〇‐二一に所在する同ビルは「ウィズビル」の通称で知られており、一九八六（昭和六一）年一〇月に開業した。すなわち、昭和の終わりから平成を経て、すでに三〇年以上続いている訳で、この種の商業ビルとしては、まずまず長命な部類に入るだろう。

この間、店舗の入れ替わり等があるたびに内装工事などは随時行なってきたが、さすがに建物自体が老朽化してきたため、二〇一八（平成三〇）年には大規模リニューアル工事を実施することになった。ちなみに、このリニューアル工事を依頼した業者とジャスマックとは、同ビルを新築で建てたときから三〇年以上の長い付き合いになる。

同様に、「浜の町アーケード」内に立地する商店も、その多くはジャスマックと三〇年以上に渡ってご近所づきあいのあるお店ばかりである。商店主の方で、夜にはウィズビルを訪れ、お客様として飲食店に来店される人もあるだろう。また、飲食店の経営者が昼間や休日に、商店街で買い物をしていくこともあるに違いない。

お互いに、相手のことを明確に意識することは少ないかもしれないが、大して広くもない浜町周辺で軒を接するようにして商売している以上、両者はある意味で運命共同体のような密接な関係にある。

すなわち、「浜の町アーケード」を訪れるお客が増えれば、そこからウィズビルへ流れるお客もまた増えるかもしれない。

そして、ウィズビルが目当てのお客が増えれば、その行き帰りに商店街で買い物をしていくお客も増えるかもしれない。

WITH長崎

そんな、共存共栄を期待できる土壌は間違いなくあるはずだ。

同年一一月二四日に開催されたウィズビルのリニューアル完了記念式典で、地元浜の町商店街の関係者とともにテープカットを行なうのに先立ち、私は次のようにあいさつをした。

「この『ＷＩＴＨ長崎』をさらに町に溶け込ませ、地域と一緒に発展させていきたいと考えております」

今回のリニューアル実施が、「浜の町アーケード」の発展に結びつくことを期待している。

「思案橋　ＷＩＴＨ長崎」とは

長崎県長崎市浜町に建設された、地上九階・地下一階建ての鉄骨鉄筋コンクリート造の商業ビルである。用途は飲食専門で、地元では「ウィズビル」の愛称で親しまれている。建築面積は約二〇九坪、延床面積は約一五一七坪。

立地は、買い物客や観光客でにぎわう長崎の中心地に位置している。

長崎市は周囲を山に囲まれたすり鉢状の地形になっており、その底に当たる中心に位置している。この立地と、地上九階建てという高さから、長崎市内の四方八方どこからでも目にすることができる、きわめて高い視認性を有している。

また、ビルの北側は長崎随一の商店街である「はまんまち商店街」、南側は長崎一の「飲食店街の入り口」と接合しているため、商店街と飲食店街を有機的に結ぶ動線として機能しており、人通りも多く、路面電車の「思案橋」駅からも徒歩一分と、利便性に優れた一等地に立地している。

二〇一八年には開業三〇周年を記念して、多額の資金を投資して大規模リニューアル工事を実施しており、一階エントランスなどの共用部分を中心に改装が加えられた。これにより、全体的に設備・意匠性などの見直しを行ない、明るく高級感のある印象に生まれ変わった。さらに、快適性を追求してさまざまな設備が更新または追加されたほか、多くの最新機能が付加されることになった。

ビルの外観から見ていくと、まず、エントランスおよび外部照明の総入れ替えを実施した。外部のオレンジ色の照明は、ナトリウム灯に似せたＬＥＤライトを特注したもので、片側は温かく、もう片側は上質な印象を与える二面性を持たせている。エントランスの照明は狭角のライトでスポット照射することによりムーディーな空間を演出している。

また、エレベーターの全面入れ替えを行ない、ガラス張りのシースルーエレベーター二基とその他のエレベーター三基の計五基を新しくした。エレベーターケージの容積を最大限に確保し、また静音性を高め、揺れの少ない動きとすることで快適性を追求した。

もちろん、防犯対策として最新の監視システムを搭載し、防災対策としては地震発生時に最寄りの階に自動停止し、遠隔復旧するシステムにより、閉じ込め事故の不安を大幅に軽減している。監視カメラについてはエレベーター内だけでなく、設置台数を大幅に増やしてビル全体のセキュリティを強化している。

一階天井部分には、九州地方で初めてといわれる「アルポリック材」が採用され、高級感ある半鏡面仕上げで意匠性の高い品格のある空間となった。

アルポリック材は表面にアルミニウム、芯材に樹脂を使用した三層構造からなるアルミ樹脂複合板で、防火性の高い国土交通省認定の不燃材料である。軽くて強いだけでなく、平面性があり奥行きが広く感じられるつくりになっている。色は、スパークリングブラックの特注色を使用しており、光を反射してキラキラと輝き、高級感のある光沢を放つ。汚れにくく、いつまでも美しい外観を保つことができる。

このほか、「浜の町アーケード」に面した北側のエントランスの通路も全面改装し、床は御影石を、壁タイルにはＡＤＶＡＮ社のナチュラルロブソンを使用し、打ちっぱなしの加工を間で行なうことで、シンプルで落ち着きのある明るい空間としている。

店舗の集合看板である「一六面看板」についても、以前は情報量が必要以上に多くゴチャゴチャして調和が取れていなかったものを、すっきりとしたモノトーン配色に統一。視認性が高く、お客様をスムーズに店舗に誘導できるようになった。これに合わせて、袖看板や各フロア・エレベーター内にある店舗案内看板も変更し、ビル全体で統一感を持たせている。

さらに、今回のリニューアルに合わせて、店舗経営をサポートする設備・環境が整えられている。

まず、店舗のセールスポイントや店の雰囲気を、高解像度の動画でリアルに紹介することができる一二〇インチ大画面プロジェクターをエントランスの壁面に設けた。

次に、高輝度のタッチパネルを設置し、店舗の紹介や料金システム、メニュー、営業時間などの情報を掲載することができる。さらに、外国のお客様向けに英語表示への切り替えにも対応している。

また、宅配ボックスを完備しており、全国各地のこだわりの生産者から直送される食材や酒類なども、ここで受け取ることができる。宅配便の再配達防止が叫ばれている昨今、頼もしい味方となってくれるに違いない。

通常郵便に対しても、外からの抜き取り行為を防ぐために扉に盗難配慮を施した独自のフラップ構造「ナスタガード」付きの郵便受けを完備している。こちらは厚さ三・五㎝までの郵便物に対応している。

そして、愛煙家も安心の独立した衛生的な喫煙ルームを一階に設置したほか、通常は店内に設置する排煙窓を、ビル内機械排煙としており、統一されたデザインを邪魔しないように配慮されている。

WITH長崎で新たな経営者の出店を待つ新装店舗

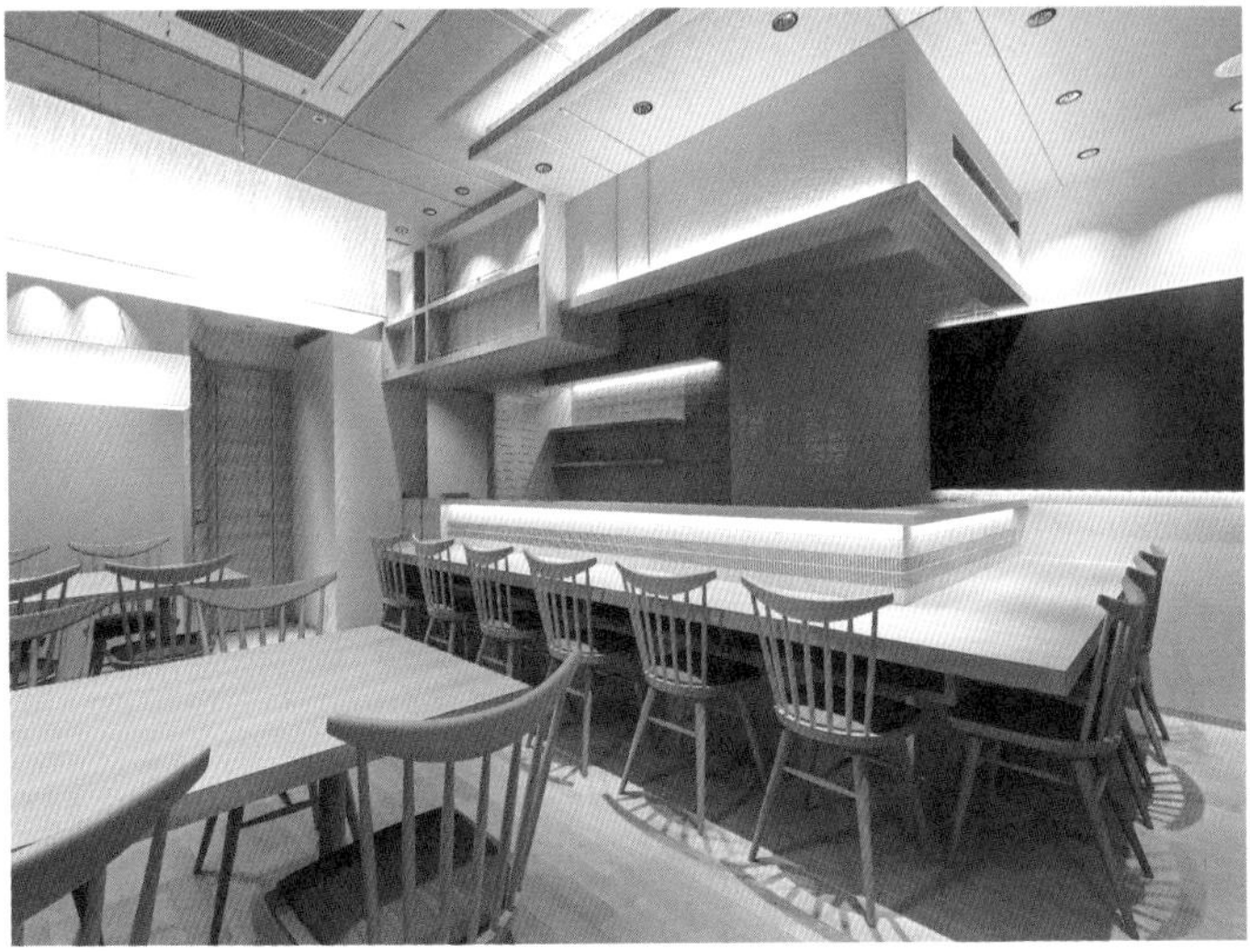

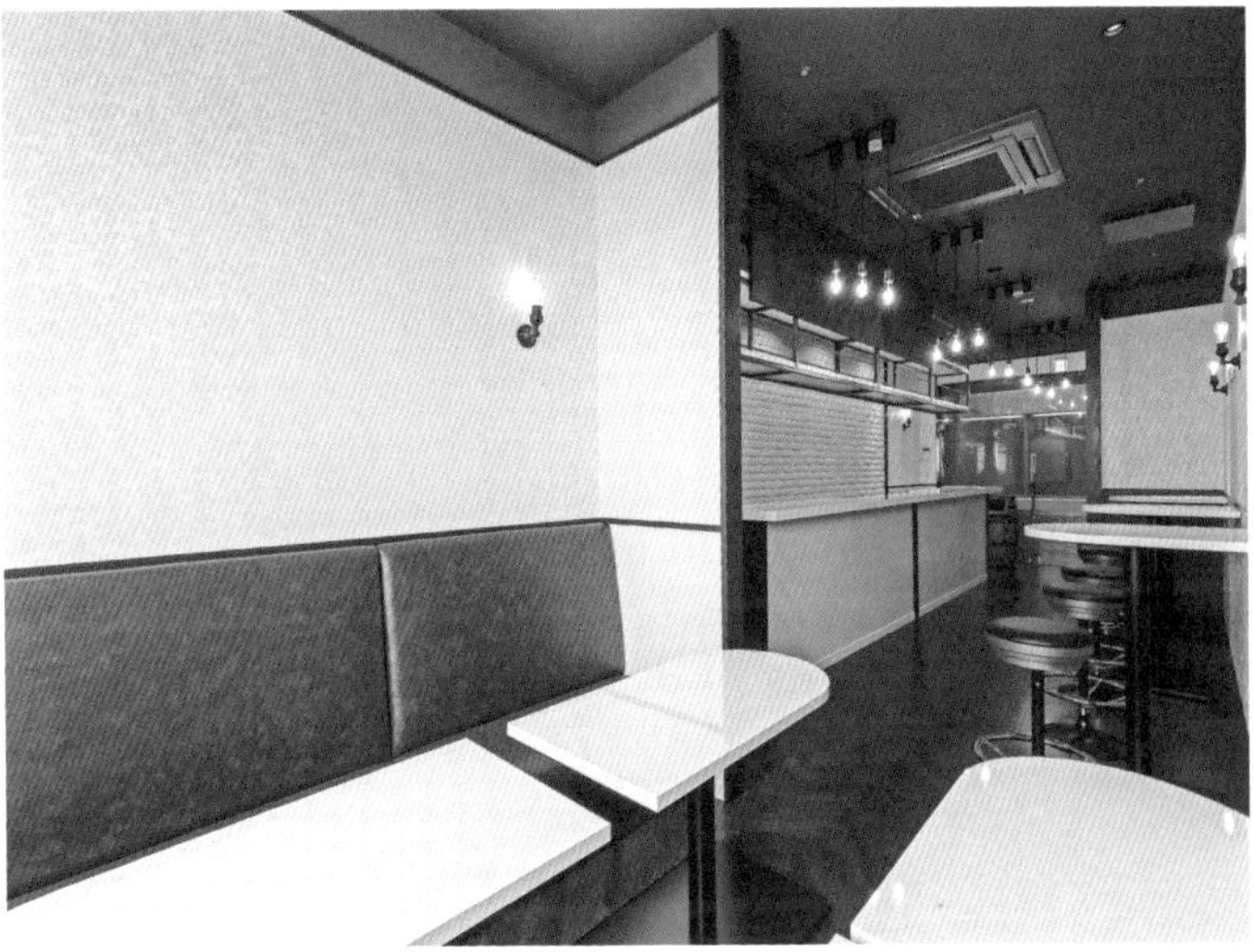

各店舗にそれぞれ個性が出るように照明や家具、調度品に工夫が凝らされている

写真左・上下の店舗は、学生を対象に実施されたコンペでの優秀作品。
カウンター内の壁面に収納スペースが設置されている

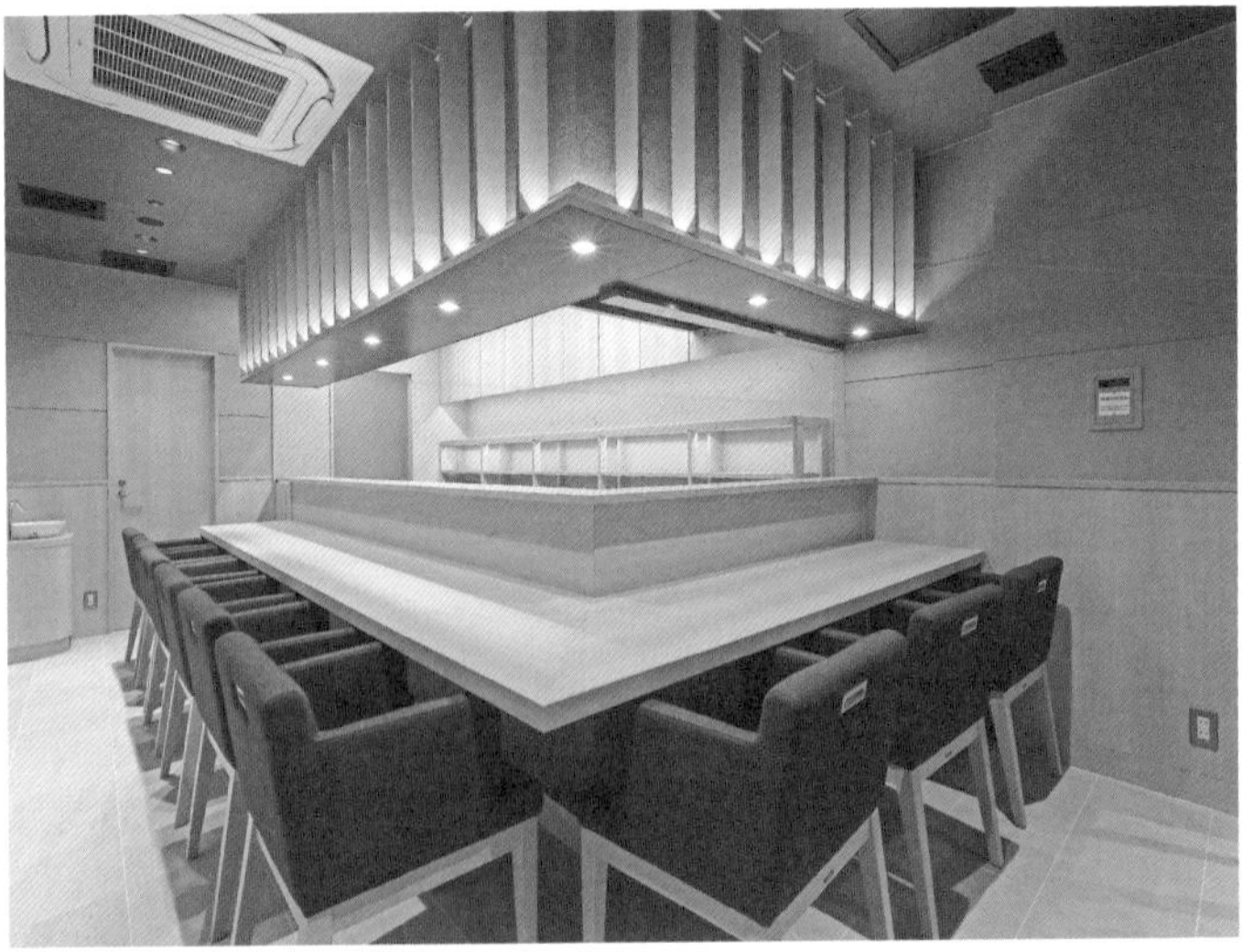

カウンターとテーブル席の両方が利用できるように活かされたスペース。
店舗銀行の永年の経験がここでも実を結んでいる

ここまでご紹介してきた通り、この思案橋　ＷＩＴＨ長崎は、地域の活性化に少しでもご協力したいという想いでビルを建設、それ以降も改修工事を経て、地域コミュニティの新たな拠点となる努力を続けてきた。

こうした私たちの姿勢に対して、地元の皆さんにもご賛同をいただき、相互協力の下ではどのような評価をされているのか、ＷＩＴＨ長崎の位置する、長崎浜んまち商店街振興組合連合会理事長、浜市商店連合会会長である本田時夫氏、同じく副会長の橋口吾郎氏、広報担当の山﨑晃裕氏にお話を伺った。

――長崎市浜町の商店街といえば、長崎県の中でも最も大きな商店街として知られていますが、もともといくつかの商店街に分かれていると聞きました。

本田会長（以下・敬称略）　はい。我われの浜市（長崎浜市商店街振興組合）、観光通り（長崎浜市観光通商店街振興組合）、鍛冶屋町（長崎鍛冶市商店街振興組合）、電車通り（長崎浜市電車通商店街振興組合）、万屋町（長崎浜市万屋通り商店街振興組合）と近隣でも五つの商店街があります。この五つの近隣商店街が集まって、二〇〇一年、浜んまち商店街（長崎浜んまち商店街振興組合連合会）を設立しています。

――そもそも浜町の商店街はどういう経緯で出来上がったのでしょうか？

本田　歴史を遡れば、江戸時代まで遡ります。その名の通り、入江がずっとある浜辺の街だったのですが、四代将軍の徳川家綱の時代にアーケードがある国道三二四号のあたりが埋め立てられて、そこから長崎の中心的な商店街として発展してきました。アーケードが覆っている国道として、マスメディアにもよく取り上げられています。

――WITH長崎の所属する浜市商店連合会は他の商店街と成り立ちの違う商店街であるということを聞きました。

橋口副会長（以下・敬称略）　浜市商店連合会と

浜市商店連合会 長崎浜市商店街振興組合
会長　本田時夫 氏

いうのは、浜町アーケードに面している通りと、若干、路地に入ったお店が参加をしている商店街です。もともと浜市の商店街には、浜市商店街という商店主の組織がありました。その後、浜町アーケードを作った時に法人組織化をする際に、浜市商店街振興組合という組織ができました。このため、浜市商店連合会と浜市商店街振興組合という二つの組織によって商店街が運営されています。

より具体的にいうと浜市商店街振興組合はビルオーナーの組織でアーケードの管理運営のための組織です。一方、浜市商店連合会は商店主の集まりになります。

我われは、実際の建物のオーナーさんと商店主の方々が一緒になって考えて、今まで商店街をよりよい方向に運営してきました。オーナーと商店主という別の立場の人が同じ目標に向かって協力するという、他の商店街とちょっと違う風土というか、気風があるのです。

浜市商店連合会 長崎浜市商店街振興組合
副会長・副理事長　橋口吾郎 氏

――二〇一九年一一月現在、浜市商店連合会でどのくらいの店舗が所属されているのでしょうか？

本田　浜市商店連合会に所属する店舗数は二〇一九年一一月現在、一三四店舗が所属しています。最盛期には一五〇店舗所属していたので、やや減少傾向にあるといえます。

――二〇一六年にリニューアルされたＷＩＴＨ長崎ビルですが、建築されたのは一九八六年です。建築された当時のエピソードなどはありますか？

本田　私が浜町に東京から戻ってきたのが一九八一（昭和五六）年の暮れです。翌年、約二万棟が浸水するという長崎大水害が起こるのですが、その時に浜町青年会に入ったのが初めての浜町との関わりです。浜町商店街の自治会事務所はプレハブの二階建てで、夜警の詰所になっていました。現在も年に二回、春と冬で夜警を行なっていますが、大人の社交場のような場所でした。そういう関係もあって、ＷＩＴＨ長崎ビルのなかに事務所を作るというのがビルを建築するときの条件としてありました。そうした関係があって、オープン以来、ずっと事務所として使っています。

山﨑　当時、我われの先輩方の会話の中で覚えているのが、「WITH長崎ができたことで、アーケードにつながるパサージュ（小径）ができた。電車通りからアーケードに出られるというのはとても便利だ」と喜んでいらっしゃいました。今は当たり前になりましたが、当時は新しいビルがそのまま通り抜けられるというのは、新鮮でした。当時は、一階に店舗があって、それがまた人の流れを作る仕掛けになっていましたね。

本田　葛和会長とも、これまで三回ほどお会いしましたが、最初にお会いしたのはちょうど、再開発の話を立ち上げて一年目ぐらいですかね。ですので、二〇一六年頃だと記憶しています。先ほど紹介した都市プランナーの西郷真理子さんに色々とコンサルをお願いして月一回ぐらい相談に乗ってもらっていたのですが、その時に西郷さんが、「ジャスマックの会長さんをよく知っているんです。お付き合いも長いんですよ」と言ってくださった。そんな話を聞いていたら、しばらくして葛和さんが長崎に来た時に会いたいとおっしゃっていただいて、それがきっかけです。　最初に会った時から情熱を感じる方で、お話をずっと聞かせていただきましたけれども、今後の構想についてのお話もさせていただきました。

――今後、地方都市を中心として人口減少のスピードが大きくなっていくと予測されています。街を活性化させるために、商店街としてどのような取り組みをされているのでしょうか？

本田　二〇一九年三月に浜んまちエリアで「まちづくり方針」を策定しました。以前から、この界隈は建物の老朽化も進み、耐震の観点からも建物の老朽化にどのように対処するかという方針を決める必要がありました。特に大型店舗では建物の耐震対策について、現状の報告をしなければならないことから早急な対策が必要でした。

浜市商店連合会 長崎浜市商店街振興組合
広報担当　山﨑晃裕 氏

また、それぞれの地権者の方が各々で建物を建築されて、店舗を展開したり、賃貸をされていたりしましたが、そうした建物や設備にも老朽化の問題が発生しています。とはいえ、一軒ずつ建て替えたり、改修したりするのは資金的にも限界がありますし、個々に対処することで街全体で効率的にスペースの有効活用ができないなどの問題が発生してしまいます。

そうした問題を放置することで、街自体の機能が低下していくのではないかという懸念がありました。

今までは再開発といっても、さまざまな条件が揃わずに手をつけられない状態が続いていましたが、二〇一五年についに再開発について議論を進めることになりました。議論の過程で出てきたのが街全体をすべて再開発するのではなく、開発すべきものと残していくものもあるということも考えなければならないということになりました。地域のまちづくりはどうあるべきかという方針策定をする必要があるということで、基本構想を作り上げたのです。

現在行なっている商店街の事業のこと、これから商店街をどのように維持していくのかという課題もあります。戦後のまちづくりは、商店街が中心になってまちづくりが行なわれてきましたが、人口減少や高齢化による変化に対応するには商店街だけが中心のまちづくりでは、もはや難しくなっています。

そこで、商店街も含めた地域の方々全員が参加するまちづくりというのは、どういうものなのかということを見据え、それに則って街全体を新しくしていくとしてスタートしました。再開発となる対象も広く、また要素も多い。それぞれの街の、それぞれの街区の特徴を生かしたゾーニングを考えるなどの色々な要素が盛り込まれています。

——あくまで検討案の一つということですが上層に住居を置いて、下層に店舗を配置するという案がありました。これは今までと異なる街を活性化させる方法の一つですか？

本田　このアイデアの土台は石巻市の商店街の復興などを手がけている都市プランナーの西郷真理子さんに提案していただき、それを我われのまちづくり委員会が若手の委員長を中心とした委員会で、自分たちの街のマネジメントとして、皆でまとめました。

居住人口を増やすのは街にとってとても重要なことです。ただし、人口減少が避けられない状況で居住人口を増やすとなると周辺の街との兼ね合いもあります。街に必要な施設や人口を集積させるコンパクトシティ構想という考え方もありますが、人口を集積するということは、他の場所から移動させることになります。そうなるとその都市は良いけれど、周辺部の人口が減ってしまうことになります。

そこで、全市的な人の流れとか、重心の移動とかを考慮にしながら進めていく。あくまでも一つの案ですが、店舗の上に人を住まわせるということによって、足元の活気を確保できるという観点でいえば、居住人口をいかに増やすかということは非常に大事なことだなと思います。

――私たちは「人が人を呼ぶ仕組み」とか「交流の場」と表現をしていますが。店舗銀行というそれぞれのお店のユーザーさんとオーナーさんが投資をして支えていく仕組みについては、どうお考えになりますか？

本田　それこそ浜町は、古くから長崎県下の大きな商店街として、ずっと発展して来ています。それだけに長崎県のなかでも最も地価の高い場所として多くの人に知られています。ところが、逆に地価が高いとか家賃が高いという問題は経営のネックになってしまう。
つまり、若い方は簡単に創業できる場所ではないという問題があります。まさにそういうところだからこそ、店舗銀行の仕組みのビルがあるというのはとても良いことだと思います。飲食に限定し、初期の投資が少なくて済む。まさにこれからの商店街の中での業種構成とか創業支援という意味を包括して非常に現実的に進めていけるような仕組みであり、建物ではないかと思っているのです。

山﨑　実は浜町商店街で事業を営んでいる人たちに悩みを聞いてみると、浜町を出たいという人たちもいます。これは一店舗当たりの面積が広すぎるとか、家賃の問題があって、飲食ではなかなか採算が取れない。かといって、家賃が高いからといって、土地を買って建物も建てるのはなかなか難しい。そういうことを考えますと商店街のなかで良い意味での新陳代謝を作りながら、若い方を含めて創業意欲がある方にどんどん出店していただくという意味では非常に効果的な建物だし、仕組みだろうと思います。
そして現在は新規出店も飲食系の店舗が多いのです。アパレルやファッション系のお店が閉まって飲食のお店になったりするケースも少なくありません。そういう意味では飲食でスタートしやすい環境ができるというのは、非常にいいのではないかなと思っています。

――商店街を活性化し、街を活性化する上でどのような視点が必要だと思いますか？

本田　私も観光通りに梅月堂という菓子屋を経営していますので、よくわかるのですが、昔、この商店街ができた頃はほとんどが、飲食でも飲む方に重きがあって、いわゆるスナックだとかが多かったのです。しかし、最近は飲食でも「食」に重きが出ています。食べ物を作るとか、提供するとかになると単なる飲み屋さんとは違うノウハウを持っていないと創業の意欲も出てこないし、自分でこういう店をやりたいというアイデアもできません。だから、出店される飲食店は、ものすごく個性の強いものであったり、独特の技術を持っていたり、強みや売りがわかりやすくなっています。こうしたものは、いわゆる食文化を通じて、色々な形で住んでいる人の生活に影響を与えていきます。

だからこそ、私は飲食を中心にした「食」のビルというのは、ものすごく大きな役割があると考えています。商店街の中には昔は呉服屋、暖簾などの製造販売業が多かったのですが、今や飲食街中心になっています。それこそ商店街の悩みとしては昼に営業しているお店が少ないので昼間の商店街としての顔がなくなってしまうというところが課題なのかもしれません。ただ、そうした問題を解決するアイデアも出てきています。

例えば、定休日や昼間の営業時間の間だけ、店舗を間借りしてもらって、いろんな人にいろんな業種で出店してもらうという方法もあると思います。店舗と人を仲介するサービスを行なう会社も増えています。

ただ、ジャスマックさんの場合はそれをさらに先に行っています。以前、マルシェをＷＩＴＨ長崎ビルの一階で開催されていましたが、そこに出店することで、人の流れや集客の状況、お客様の嗜好などを試験的に把握することができるのでいいなと思いました。参加者の方も浜町で初めて商売をする人が多かったと思います。

マルシェに参加した人たちが、口々に言うには、浜町のお客様は「他のイベント会場よりも購入単価が高い」とか「モノを買うのに迷いがない」ということです。長年、我われがお付き合いして商店街のお客様になっていただいた方々は、やっぱりいいもの、欲しいものを買っていくという考え方を持っているお客様です。

そうしたお客様に直に触れることで、商売を考えている人たちが、何らかの動機が生まれて、浜町で商売をしたいという流れができたらいいなと思います。実際に商売を考えている人たちの声は広がりやすい。イベントに何度もリピートしてくれますし、良いスパイラルが生まれるといいなと考えています。

――本田会長の思い描く、これからのまちづくりのあるべき姿、ありたい姿をお聞かせください。

本田　我われだけでなく、より多くの人に参加をしてもらって、まちづくりをしていきたいですね。例えば、地元の大学の学生が商店街の中で自ら活動できるところを作るということで言えば、ゼミの研究をまちづくりとタイアップして場所を提供するというのもいいかと思います。今は学校が街を使うというような発想が出てきている。街にとっても若い方が来るきっかけになるし、こういうのはもっともっとやらなければいけないと思っています。

究極的には商店街の概念を取っ払って、若い人をどんどん取り込んでいく必要があるでしょう。そのためには商店街側の意識も大きく変わらなければいけないと思っています。若い人が商店街で何かやろうとする時に、商売の邪魔になるとか、イベントで売上が落ちるとかで反対する傾向もあったと思います。街の魅力は決して物を買いに行くだけではなくて、もっと大きな意味で考える時代になって来ています。

例えば、「あの辺、何かおしゃれだな」とか、「あそこに行ったら面白そう」とか魅力の基準がより複合的な要素に変化しています。商店街も自分たちの商売をするためだけに、何かをやるという概念に固執して、新しい考え方を受け付けないという姿勢は改めなければいけないでしょう。我われも考え方そのものを変えていかなければいけないし。いろいろなニーズがあるときに商店街がそこにどう対応するかということも含めて、これから挑戦して行く必要があると思いますね。

北の大繁華街に生まれた「ジョイフル酒肴小路」

ジャスマック札幌支社は、札幌市中央区南七条西三丁目のジャスマックの所有するビル内にある。同ビルは、碁盤の目状に区画された札幌市街地で、市営地下鉄南北線「すすきの」駅から南へ進んだ場所にある。この付近には、ジャスマックの開発または所有している商業ビルが複数ある。

一棟が、南六条西四丁目の「ジャスマック札幌」。

もう一棟が、南六条西三丁目の「ジョイフル酒肴小路」である。そして現在、スペインはバルセロナ市のデザイナー主導で、世界中のバルを誘致することを計画している「WORLD BAR」が南五条西五丁目に所在する。

これらのビルのある一帯は「すすきの」の通称で知られているが、厳密に言えば、これは正式な地名ではない。すすきのという通称は、明治時代初頭の開拓期に、札幌の公設遊廓の建設に関わった北海道開拓使監事の薄井龍之の名にちなんで、初代北海道庁長官の岩村通俊が「薄野遊廓」と命名したというのが通説になっている。また、一説には、このあたりにはかつてススキの別名である茅野が広がっており、そこから薄野（すすきの）と名付けられたともいう。後者の説からは、江戸の吉原が、もともと葦の生い茂る土地であったことから「葦原」と名付けられ、後に「葦」＝「悪し」に通じることから、縁起のいい「吉」＝「良し」の字に改められた——という話が思い出される。

いずれにせよ、すすきのは、単に札幌最大＝北海道最大の歓楽街というだけでなく、「東京以北で最大の歓楽街」といわれ、「アジア最北の歓楽街」ともいわれることもある。

すすきのの特徴として、一棟のビルの中に飲食店や風俗店が同居していることや、ホテルなどの宿泊施設、娯楽施設や商業施設が隣接している等、あらゆる業種が集積しているということが挙げられる。また、「女性だけで飲み明かしても安全」と言われることもあるように、歓楽街としては異例なほど治安が良いことも特徴と言える。

すすきのと呼ばれる歓楽街の範囲は、一般的に、東西が西一丁目から西六丁目までの間、南北が南四条から南九条までの間、と考えられている。この範囲内に、地下鉄南北線「すすきの」駅、地下鉄東豊線「豊水すすきの」駅、市電山鼻線・都心線「すすきの」停留所などが点在している。

なお、上記のすすきのの範囲内には、二〇〇二（平成一四）年四月一日付で札幌市屋外広告物条例第八条に定められた「広告物活用地区」に指定されている区域がある。これは「店舗、飲食店、娯楽・遊戯施設などが集まる活気のある地域で、そこに掲出される広告物が街の活気を一層向上させ、地域の雰囲気を形成する要素となっている場合に、この地域を『広告物活用地区』に指定して、広告物の規制を緩和することができる」というもので、すすきの交差点（南四条西三丁目および南四条西四丁目）の広告看板に代表されるような街並みの賑わいを演出するのに一役買っている。

一九八〇年からスタートとした札幌進出

ジャスマックが札幌すすきの地区へ進出した歴史は古く、一九八〇（昭和五五）年一〇月に落成した「ジャスマック札幌一番館」（現・ジョイフル酒肴小路）に始まる。

一九八三（昭和五八）年三月には南七条西三丁目に「ジャスマック札幌二番館」を落成。続いて、同年一〇月には南五条西五丁目に「ジャスマック札幌参番館」を落成する。

さらに翌一九八四（昭和五九）年三月には南七条西三丁目に「ジャスマック札幌五番館」を落成（番号が飛んでいるのは、四＝死に通じることから、縁起を担いだものである）と、わずか一年の間に立て続けに三棟の商業ビルを建てている。

一年置いて、一九八五（昭和六〇）年六月に「ジャスマック札幌六番館」（現・ジャスマック札幌）を落成すると、従来の業態での新規出店攻勢はこれで一段落したが、私はすでに次の展開をどうするかについて考え始めていた。

一九八八（昭和六三）年一〇月一三日、南七条西三丁目に「ジャスマックプラザ」を開業。これと同時に、南八条西四丁目に「ノアの箱舟」を開業した。

前者は、これまでの商業ビルとはがらりと変わって、天然温泉の大浴場を備えた札幌で最初に温泉を掘った、新業態ホテルであり、本館および敷地内に隣接するアネックス館（二〇〇三年六月開業）を合わせた総客室数は一五三室という規模を誇る。ホテル内にはレストランや食事処、パーティプラザなどの商業施設も備え、さらにブライダルサロン「ジャスマックブライダル」を抱え、結婚式場としての利用も可能となっている。

そして、後者は有名な英国人建築家ナイジェル・コーツの設計した鉄筋コンクリート造二階建て、石化したノアの箱舟の形をイメージしたデザイン建築である。開業当初の業態はカフェ&レストランだったが、現在は「北の海鮮炙り　ノアの箱舟」の看板を掲げている。

札幌ではじめて誕生した天然温泉ホテルであるジャスマックプラザは、アーバンリゾート

温泉出たァ〜

35度の深層熱水

札幌のド真ン中 ススキノに

◆ススキノ◆

周囲の声

北海道温泉協会・桑原健介事務局長　80度とかいった高温ではないので、さほど驚きはありません。でも、160万都市の真ん中から出たというのは価値があります。いいネームバリューになるんじゃないですか。

ニュースじゃないでしょうか。温泉が出るという目安がついたこともありがたいし、なによりも自然のものというのは喜ばれますからね。画期的なことだ。

札幌・ススキノのド真ん中で温泉が出た!? 東洋北部最大の歓楽街・ススキノは南7条西3丁目の場所から、35度の食塩泉が噴き出した。同所でホテル建設を計画していた貸しビル会社・ジャスマックが札幌の地熱研究所に依頼して昨年7月から調査、ボーリングを繰り返していたところ、このたび温泉層にたどりついたもの。26日にはジャスマックの建設予定地でテープカットが行われたが、関係者はじめテレビ局、新聞社がドッと詰めかけ、"街の珍事"に大フィーバー。またひとつ、ススキノに新名所が誕生すると、街は沸きに沸いている。

降ってわいた?・朗報 沈滞ムードにカンフル

ハンドルを葛和社長が回すと、パイプからどっと熱湯が噴き出した。ススキノのど真ん中で温泉がわき出た瞬間だ。「やったという感じですね」と、葛和社長がニンマリする。作業にあたった「マグマ」の河野社長も思わず胸をなでおろし、ホッとした表情を見せた。

温泉の掘削に取りかかったのは昨年7月。地熱や温泉熱を利用する発電設備を業務とする「マグマ」が、札幌・北1西25に昭和55年に自社ビルを建設するときに井戸を掘ったところ、わずか150メートルの深さで16・5度の水が出てきたことが"伏線"だ。

だが、河野社長の「中心街で温泉を掘らしてほしい」の願いも、地元財界ではなかなか受け入れられなかった。そんな時に出会ったのが、ジャスマックの葛和社長。空知の北村や長沼町で出湯した温泉、愛知・長島温泉の例や、札幌市内の深層地熱水の可能性のデータなどを見せると、さっそくGOサインが出たという。

地下800メートルからわき出したお湯に手をつける葛和社長。毎分200リットルの湧出量がある

「必ず出る」地熱利用会社が確信
昨年から調査、ボーリング

しかも中心部で温泉が出るのではと考え始め、道地下資源調査所の機関紙や各種文献で研究。市内の地熱調査も行い、「温泉が出る」との確信を得ていたいきさつがある。

ホテルもホクホク 費用6000万も3年でおツリ

「ホテルを建設する予定でしたからね。もし温泉が出るとなれば、いいネームバリューにもなるし、やってみようと思いました」と葛和社長。「仕事も一種のかけ」とばかり即決したのだ。

ススキノに建てられたボーリングのやぐら

エネルギー利用に期待大
ロードヒーティング、冷暖房

道内の主な温泉(火山性)と深層熱水(泉)の分布図

日刊スポーツ（昭和61年3月27日付）

として「やすらぎ」を提供する「リラクゼーションホテル」。宿泊施設を中心とした従来型のホテルではなく、宿泊設備のある魅力的な商業施設にしたい、日本人特有のメンタリティーを十分満足させることに徹底的にこだわりたいという気持ちから、「ジャスマックプラザ」と命名した。

表通りからプラザに入ると、そこは開放的なカフェ。そのカフェを取り囲むように、二階には美容室とブライダル施設、正面には「鴨々川温泉・湯香郷」と名付けられた温泉の入口がある。中に入ると一階フロアとは異質の世界、まさに日本の「和」の世界となる。靴を脱ぎ、浴衣に着替えれば、もはや温泉気分、都会の雑踏がうそのようである。二階、三階、四階に集約

ジャスマックプラザ

した この温泉施設には、巨大な温泉風呂だけでなく、桧の露天風呂も備えている。

都市の真ん中に、それも近代的ホテルにある露天風呂から見上げる札幌の満天の空、まさに都会のオアシスであろう。地下一階には、温泉ゾーンから浴衣がけでも行くことができる大型飲食施設「四季の味・花遊膳」がある。中央に大きな生簀を配し、それを囲むカウンターとテーブル席、赤と黒を基調にしたモダンなデザインは「新感覚の和」。ところが、その奥はうってかわって茶室や庭のある白木づくりの数寄屋造りの個室、石畳の廊下がまったく別の雰囲気も醸し出す。これもお客様の多様なニーズを意識してのことである。

また、南八条西四丁目の鴨々川沿いに、「ノアの箱舟」を建てた。「約一万年前、一隻の舟が岩上の取り残された。幾年月を経て、この木の舟はその岩の上で石化し、一つの大きな岩山となった。そして、その岩山がレストランとして姿を化した。」これが「ノアの方舟」のコンセプトである。エトルリア文明に源を発す。エトルリア時代の人々は活気に溢れ、人生を愛した。同文明を偲ぶ遺跡は、墳墓しか存在しない。「ノアの方舟」の内装には、鳥、動物、花などの壁画で飾られ、生き生きとしたエトルリア文明を表現している。店内は、古代のエレガンスで満たされている。

「ジョイフル酒肴小路」とは

ジャスマックが札幌・すすきのに進出して最初に建てた商業ビルである「ジャスマック札幌一番館」こそ、現在の「ジョイフル酒肴小路」の前身である。

一九八〇（昭和五五）年一〇月に竣工した同ビルは、地上七階、地下一階の鉄筋コンクリート造で、建築面積約一二六坪、延床面積は約七四五坪。

開業当初は「ジョイフル札幌」の通称で営業していたが、二〇一六（平成二八）年一〇月に同ビルを全面リニューアルするとともに業態転換し、「ジョイフル酒肴小路」と改名して営業を開始した。

「ジョイフル酒肴小路」の立地は、札幌市営地下鉄南北線「すすきの」駅、同・東豊線「豊水すすきの」駅のどちらからでも徒歩三分、という交通アクセスの利便性がきわめて高いことが特徴である。これは、東豊線が開業する一九八八（昭和六三）年よりも前に建てられたことで、結果的に条件の良い好立地を確保することができたとも言えるだろう。

「酒肴小路」というブランド名は、ジャスマックが展開する「店舗銀行」システムの店づくり思考の集約された姿であり、二〇〇五（平成一七）年一一月に竣工した「ジャスマック酒肴小路・博多」が最初の使用例となる（登録第4856642号）。そのコンセプトは、各フロア、それぞれ個性のある店舗が軒を連ねる路地を立体的に構成し、「天空の路地をめぐる楽しみを、十分に味わっていただく」というものだ。全館、さまざまな業態の飲食店が軒を連ねることによって、ビル全体に集客力も生まれることになる。

具体的には、こうした飲食専門の商業ビルでは一般的なバーやスナックももちろん入居しているが、居酒屋、創作居酒屋、鉄板焼き、寿司、焼き鳥、ジンギスカン料理、台湾料理、小料理屋等々、実に多岐にわたる業態が一棟のビルに入居しているのである。

ビルの入り口にはデジタルサイネージが設置され、それぞれの店舗やメニューなどが動画で紹介されている。これにより、店名や看板だけでは伝わらない店の魅力をアピールすることで、来店客の案内に効果を発揮しているのである。

札幌で初めてシースルーエレベーターが導入されたビルにある「ジョイフル酒肴小路」は前述のように七階建てという中層建築だが、一般的に好まれる飲食店舗の立地としては地階から一階、せいぜい二階までである。これは、いわゆる振りの客（一見さん）の場合、わざわざ三階以上のフロアに上がってまで初めての店に足を踏み入れることはないだろうということが、常識的に考えられるからだ。

ただし、こうした常識が通用するのは、もっぱら振りの客をメインターゲットとする大規模店舗や中規模店舗の場合である。くり返すが、ジャスマックの「店舗銀行」システムは、一五坪以下の小規模店舗に特化していることが特徴なのである。

小規模店舗では、メインターゲットとなる客層は、いわゆる常連客、馴染みのお客様ということになる。何も「一見さんお断り」という方針を貫いているわけではないが、そもそも振りの客を大勢呼び込むよりは、少数の常連客を相手にしたほうが効率的だし、常連客にとって居心地のよい店となれば、店での滞在時間も長くなり、それだけ追加オーダーも増える。客単価も高くなる。ビール一杯で帰ってしまう振りの客を何人も相手にするより、よっぽど売上も上がるというわけだ。

なお、ジャスマックの「酒肴小路プロジェクト」では、標準的な企画店舗の他に、経営者と一緒にオーダー店舗をつくることも可能である。

例えば、現に、「ジョイフル酒肴小路」に入居している鉄板焼きの店舗などは、通常の居酒屋やバーなどに比べて大量の煙が出るため、排煙設備を特注することになった。その結果、通常の店舗づくりよりもやや予算や時間もかかっている。ただ、このお店については後のページで経営者本人にも登場いただいているので併せてお読みいただければよくわかるの

だが、このオーダー店舗づくりには、それだけの価値があった。経営者本人は大変満足していただいており、そのことは取りも直さず、来店されたお客様が満足してお帰りいただいているということでもある。

二〇一六年一〇月の全面リニューアルに当たって、この「ジョイフル酒肴小路」は、ビルの外観も内装も大幅に手を入れている。

外壁には白い化粧タイルを採用し、妙なけばけばしさは一切ない、上品で落ち着いた雰囲気をつくりあげた。ビル名の文字はパープルで、夜間は間接照明で浮かび上がるようになっている。また、これはリニューアル以前からの設計で、エレベーターはビルの正面がガラス張りのシースルーエレベーターとなっており、昇降時にはガラス越しにすすきのの夜景を楽しむこともできる。ビル内に一歩足を踏み入れれば、そこにはいわゆる「雑居ビル」の安っぽさとは一線を画した、高級感のある上質な店舗空間が広がっているのである。

初めて持った「自分の店」。初心に戻って繁盛させていきたい。

酒楽食彩 蔵の庄 なごみ（居酒屋）オーナー　渡邉和雅さん

この「ジョイフル酒肴小路」へ出店したのは、二〇一九年五月八日のことです。それ以前は別のところで、同じような業態の店（＝日本各地の地酒を取りそろえた和食処）を営んでおりました。そこは個室が三つあって、面積もこちらより少し広めの物件でした。

個室のあるお店というのは、基本的に、アルバイトが一人では足りないんです。個室にお客様をご案内して、一人しかいないホール係がそこに入ってしまうと、もうホールには店の人間が一人もいなくなってしまいます。そこに別の個室のお客様から声がかかったら、厨房係がホールに出て対応しなければなりません。ですから、アルバイトは二、三人雇わなければならないのですが、今はどこも求人難で、募集をかけてもなかなか応募がありません。それならいっそ、気分も新たに別の場所で移ろうと思いました。

そこで、もっと少ない人数でも回していける場所へ移りたいと考えていたところ、たまたまある人がこちらのビルのことを紹介してくださいまして、「興味があったら、ちょっと見に来ないか?」とおっしゃるので、一度見学に来させていただきました。

実際に拝見してみて、私はすっかり気に入ってしまいました。ポイントとしては「入り口から一歩入れば全体を見渡せること」「店内に専用のトイレが付いていること」「設備がひと通り揃っているので初期費用が抑えられること」などです。それで、ゴールデンウィーク中に入居できるのであれば、ぜひ、こちらで出店させてほしいとお願いしてみました。店の名前はそのまま「酒楽食彩　蔵の庄」とし、メニューの内容も以前の店のままですが、広さでいえばいくらか小さくあり、個室もなくしました。

(本取材が行なわれた日は)まだ開店して二週間ちょっとという時期なので、お運びになるお客様も、今のところは、以前の店から継続して来ていただいている方がほとんどです。今後、どのようなお客様が来てくださるか、以前の店と比べてどうなのか、ということは、また何とも言えない状況ですね。

とりあえず、金曜日と土曜日の夜は試験的に営業時間を延長して、深夜まで店を開けてみようかと考えているんです。

現在、店に出ているのは店主の私と、常勤でもう一人。前の店からずっと働いてくれてい

酒楽食彩 蔵の庄 なごみ（居酒屋）
オーナー　渡邉和雅さん

〒064-0806
北海道札幌市中央区南6条西3丁目6
ジョイフル酒肴小路 2F
電話番号 011-215-0877

https://www.jasmac.co.jp/build/kura-no-sho/

る人で、アルバイトではなく、社員という形になります。その二人で切り盛りしています。

以前の店というのは、私が立ち上げた店ではなく、ある方から経営を引き継いだところでした。私は調理師学校を出て、「蔵の庄」という大きな店に勤めることになり、当時店の料理長だった人にとても可愛がっていただきました。やがて、その料理長が「蔵の庄」ののれん分けを許されて独立することになったとき、私に声をかけてくれて、一緒にそちらの店をやることになりました。一七、八年ほど一緒にやってきましたが、その人は身体を壊され、腕が動かなくなってしまいました。それで、「店を任せるから、引き継いでやってくれないか」という話になり、それから三年半ほど、同じ場所で店をやっていました。

今回、こちらのビルへの入居契約の際には「店舗銀行」システムについてご説明いただき、また、葛和満博会長のご本（前作『「投資家」にも「経営者」にも小さな飲食店は最強の生き抜く力』）も読ませていただきましたが、正直、最初はちょっとよく理解できませんでした。ただ、実際にやっていくうちに、なんとなくですが「こういう仕組みになっているんだろう」ということがだんだんわかってきました。初めてお店をやろうという方にはとても親切なシステムではないかと思います。負担も少ないし、リスクも減らせるという意味で。

　私の場合、飲食店の仕事は二〇年以上ずっと続けてきましたし、経営者という立場になってからも三年半余りになりますが、「自分の店」を持つ

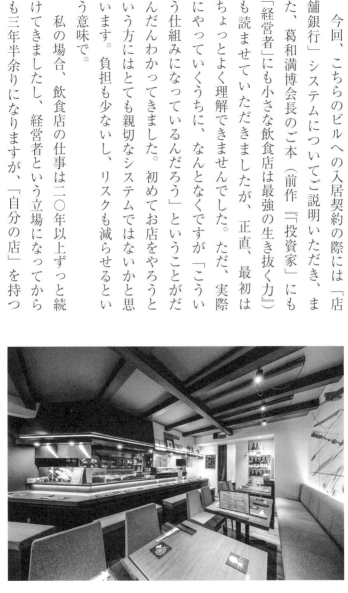

というのはここが初めてです。初心に戻ってやれるのは大きなメリットですし、初期費用を抑えてスタートできるというのも魅力だと思っています。内装に関してもきれいで、特に変更する必要も感じませんでした。

店の今後のことですが、今、常連になってくださっているお客様は、五〇歳以上の年齢層の高めの方がほとんどです。おそらく、六〇〜七〇歳台の方が一番多いと思います。皆さん、先代の店主の時代からお運びいただいているおつきあいの長い方々で、今後も末永くご来店いただきたいと考えておりますが、その一方で、今後はもう少しお若い年齢層のお客様も取り込んでいきたいと考えております。カジュアルな、と言いますか、お若い方が気軽に入ってこられるような感じのお店にしていければと。せっかくこういう場所へ移ってきたわけですから、「よそのお店へ行かれる前に、ちょっとお立ち寄りいただく」とか「よそのお店を出てから、うちへハシゴしていただく」とか、そういうお客様が増えることも期待しています。金曜日・土曜日の営業を午前三時までにしたのも、そのあたりのことを考えてのことです。後は、お店を閉めた後の同業者の方にも来ていただけると嬉しいですね。

今は若い人たちにとって、飲食店を始めるには勇気のいる時代と言えます。ですから、特に最初の出店にはこういうところ（＝「店舗銀行」システム）を使ってみるというのも選択肢としてはいいと思います。もちろん、どうせやるなら自分の好きなように店を造って、という人もいるでしょうが、やはりスタートとしてはこっちのほうがリスクも少ない。まずはここでちゃんとお客様が入るようになり、それから大きな店へ移ることなどを考えたほうがいいでしょう。

小さい店ならではのお客様とのコミュニケーションが、店舗経営の面白み。

北海茶漬け ぽっぽ（居酒屋）オーナー　福士良平さん

この「ジョイフル酒肴小路」へ出店したのは二〇一七年三月のことです。それ以前は、道内にチェーン展開しているカラオケボックスで雇われ店長をしていました。勤務先の店舗は何か所か転々としましたが、同じチェーンのカラオケボックスです。お店では一応、軽食メニューも提供しており、大半は冷凍食品でしたが、そこで食材の仕入れ業者の人たちとのつながりができました。その頃から、将来的には自分で飲食店を開業したいと考えていたので、この方々とご縁ができたことは後々とても役に立ちました。

この店の客席数は一三席ありますが、私を含めて常時三～四人の従業員が詰めており、月間約八〇〇～九〇〇名くらいのお客様がお見えになります。いわゆる客席の回転数でいうと、一晩に三回転から多くて五回転くらいする日もあります。

お茶漬け専門店という業態ですから、店を開けるのは夜七時からとしています。まずは一次会のお客様で予約が埋まり、次に夜一一時以降にどこかで飲んでこられた後のシメのお客様がいらっしゃいます。そして、深夜一時過ぎには、スナックなど夜のお仕事をされているお客様が仕事帰りに立ち寄られます。そして、最後が飲食店で働いていらっしゃる同業者の皆様という感じで、閉店までにいろいろな層のお客様がお見えになります。

独立して飲食店を持つことになったとき、いくつか選択肢のある中で、この「ジョイフル酒肴小路」を選んだのは、何といってもお店がきれいだったこと。それと、厨房機器なども揃っていて、新たに買う必要がなかったことも大きかったですね。

それから、このビルの担当者の方の説明も、いろいろ細かいことまでしっかり説明していただいたので、そこが決め手になったと思います。やはり、たくさん物件を回ってきた中には、必要最低限のことしか説明してくれないぶっきらぼうな担当者もいましたから……。

北海茶漬け ぽっぽ（居酒屋）
オーナー　福士良平さん

〒064-0806
北海道札幌市中央区南6条西3丁目6
ジョイフル酒肴小路 5F
電話番号 011-596-6807

https://www.jasmac.co.jp/build/poppo/

出店するビルはここだ、とまず決めて、後はどこの店を借りたら一番いいか、ビル内で何軒か見学させていただきました。その結果、五階のここの場所のつくりが一番自分のイメージにしっくりきたということで、ここをお借りすることに決めました。

もちろん、あくまで自分のイメージにこだわるとしたら、結局は自分で全部造ったほうがいいに決まっています。すでに造ってある店舗を借りるということは、どこかでそのこだわりを捨てて、妥協することかもしれません。それでも、やはりここを選んでよかったと私が思うのは理由があります。

初めて持つ自分の店ですから、初めから失敗するつもりはもちろんありませんが、万が一失敗したときには、傷の浅いうちに速やかに撤退できる条件を整えておくことが重要だと考えたのです。これが例えば、「原状回復費用にこれだけかかる……」という場所だったら、失敗してもすぐには手を引く気になれず、結果的に傷をより深くしてしまうことになります。

同じように完成物件を借りるにしても、例えばよくある居抜き物件の場合、造作はそのまま活かせるとしても、内装はクロスやカーペットの張り替えや塗装などある程度変える必要がありますし、大抵は設備機器が老朽化していて、早い段階で買い替えることになってしまいます。その点、ジャスマックさんの「店舗銀行」システムではこうした問題点があらかじめかなりクリアされていると感じます。始めやすいのはもちろんですが、辞めるときに辞めやすいというのも大きなメリットで、テナント側としては圧倒的にリスクが少ない。このくらいの大きさの店舗でも、ちょっとクロスを張り替えて小ぎれいにしようとすれば、もうそれだけで一〇〇万円近くかかってしまいますから。それに、入居の際にお預けする保証金というシステムがあって、退去時にはここから償却費用を差し引いた金額が戻ってくるわけですが、この償却費用が定額というのもありがたい話です。普通は、長くやっていればそれだけ償却費用も嵩みますが、ここでは二年で辞めても、一〇年続けても償却費用は同じ。つまり、長続きすればそれだけ元が取れる仕組みになっているんです。

もちろん、初期費用も抑えられますから、その分の浮いた自己資金を別のところにかけられます。例えば、当座の運転資金としてプールしておけば、何かあっても安心です。

お陰様で、「北海茶漬けぽっぽ」という店もお客様にかなり知っていただけるようになりましたが、何しろ狭い店ですから、せっかくお運びいただいたお客様を長時間お待たせしてしまったり、ときにはお断りしなければならないことも増えてきました。そこで、二〇一九年三月には、この近隣にある南五条西五丁目の「ジャパンランドビル」というところに二号店をオープンすることにいたしました。この二号店に関しては、「店舗銀行」システムでは

寒仕込 純米酒
彩 火入れ
彩 生
彩 あらばしり

最高宝
宇治煎茶
松北園 謹製
本山茶

清酒
特別純米酒
【純米吟醸生酒】
北海道で、はじめての酒づくり
「柴田酒造店」
清酒
純米吟醸
福司
柴田酒造店
本日おすすめ

なく一般の賃貸物件なので、一号店と比べると、何かちょっとした不具合があればいちいちオプション料金がかかるようなところもあります。ただ、料理のメニューやお客様への対応に関しては、すべて一号店と同様のサービスをご提供しております。一、二号店ともに、集客については、ＳＮＳなども利用していますが、北海道産の食材にこだわった料理、他店のまねではない当店独自のメニューをどんどん開発しています。シメはもちろん、お茶漬けです。

やはり、小さいお店ならではのお客様とのコミュニケーションと言いますか、そういう絡みがあると、お店をやっていて面白みも出てくると思っています。ジャスマックの葛和満博会長の本も読ませていただきましたが、とても参考になっており、うちの店でも採用させていただいた部分がいくつもあります。

例えば、お酒は道産の日本酒、それも純米酒にこだわっているんですが、オープン当初は、とりあえずおいしそうな銘柄をただ並べていただけでした。でも、それだとこういう個人店ならではの良さが出ないんじゃないか、小さいお店はこういうふうに攻めていくべきだ、ということがこの本にわかりやすく書かれていました。そこで、道産の日本酒でも、よそではなかなか入手できない銘柄、限定生産だとか限定販売の銘柄を蔵元まで行って購入するようなやり方に変えていきました。あと、すすきの＝酒、というイメージがありますが、あえて飲めないお客様のために日本茶のメニューも用意しました。これも結果的に大正解でした。

そういう意味でも、大切なことは全部この本に書かれていて、これさえしっかり読んでおけば成功できる。逆に、読んでいない人が失敗しているんじゃないかと思います。私自身は、まだ成功したとは言えませんが、一号店と二号店を比較すると、「店舗銀行」システムの優れている点がよくわかります。これから飲食店を始めようと考えている方にも、自信をもってお勧めできます。

ビル担当者のきめ細かいサポートがあるから、女性スタッフだけでも安心できる。

來芳（らいか）（スナック）オーナー　後藤よしの様

オープンは二〇一八年五月一六日、お陰様で一年と少し経ちました。こういうスナックと言いますか、お店を持つのは初めてのことです。この「ジャスマック札幌ビル」以外では、もう一か所だけ見せていただきましたが、すすきの駅の周辺でも新宿通りより遠く離れてしまうと、それだけ足を運んでくださるお客様も少なくなってしまうので、立地として考えられるのはこの辺りまでだろうと思いました。最初にお店を見せていただいたとき、内装に関してはは文句なくひと目見て気に入りました。

お店をここの場所に決めたポイントは、やはり、きれいだったということと、大きさ的にちょうどいいサイズであったということがあります。

きれいというのは、お店の内装だけではなくて、ビルのエントランスに一歩入った瞬間から、白くて明るくて、とてもきれいなビルだと思っていました。いわゆる、つぶれた酔っ払いが床に転がっているようなビルじゃなくて、そういう客層は出入りしていないような、ある種のラグジュアリー感みたいなものを感じました。

お店のサイズとしては、ここは一〇席前後からギリギリまで詰めて一五人入れるかどうかの非常に小さな箱で、週末のことを考えるともう少し広いほうがいいのかな、とも思いましたが、これより大きな店を借りると、家賃も当然高くなってしまいます。そのあたりのバランスも考えて、無理をしない範囲で始めようと思いました。

家賃のことを言えば、このビルは、実は決して安くはなかったんです。設備投資のいらない「店舗銀行」ということで、出店にかかる初期費用は比較的低く抑えられていますが、その代わり、月々の家賃で言ったら、同じ坪数ならここより安い店はいくらでもあったと思います。もちろん、「高い」といっても、すすきのという立地やビルのグレードみたいなものを考えると、だいたい相場くらいだと思いますが。いずれにせよ、店舗物件を探し始めて二軒目に見せていただいたのがここでしたが、一度ここを見てしまったら、もうそれ以上は探そうと思わなかったのは本当です。

お店を始める前は、一人でやっていけるのかどうかが不安で、なかなか踏み込めなかったところはあります。でも、それは大変かもしれないけど、お店をやっていたら定年みたいなものはなく、自分が動けるうちは働けるじゃないですか。それで、頑張れば頑張っただけ、売上も上がるわけですか

來芳（らいか）（スナック）
オーナー　後藤よしの様（源氏名）

〒064-0806
北海道札幌市中央区南6条西4丁目
5-11　JASMAC 札幌　3F
電話番号 011-213-0880

https://www.jasmac.co.jp/build/raika/

ら、一歩踏み込む勇気はいるかもしれませんが、チャレンジしてみたくなるようなやりがいはあると思っています。私の場合、最初にこちらのビルを見てから、出店を決心するまでに少なくとも四、五回は足を運びました。一カ月くらいは悩んでいたでしょうか。その代わり、いざ契約してからお店を開くまでの時間は早くて、半月くらいで開店にこぎつけています。

実際に一年間やってみて、商売は必ずしも順調ではありませんでした。オープンしてから半年と経たない二〇一八年九月六日の「北海道胆振東部地震」で、道内全域が大規模停電に見舞われました。あのときは「ブラックアウト」といって、夜になると北海道に灯がまったく点いていないようなありさまで、当然電車も全部止まりましたし、お客様も当然お店に来るどころではありません。大規模停電は三、四日でおおむね収束しましたが、現地の人間の実感としては、一週間くらいは続いたように記憶していますね。ビルのほうからは比較的すぐに、「電気が復旧しました」という連絡をいただいたんですが、私のほうですぐにはお店を開く準備ができませんでした。その後も節電のため、すすきの交差点のネオンの灯は二週間近くも消されたままで、お店に客足が戻るまでには、さらに一カ月以上はかかっています。

また、地震のこととは別に、個人的な事情からお店を休みにせざるを得ない日もあって、そういうときには、誰か頼める人がいれば、と思うこともありました。

今は、平日は私とほかにもう一人いて、その二人でお店を回しています。週末は、週末だけのヘルプの人をお願いしています。

多少家賃が高くてもこちらのビルを選んでよかったと思うのは、客筋が非常に落ち着いていて、わりと年齢層の高い人たちが多いということもあります。これはもう、ビル全体がそういうお店で統一されているので、あんまり変なお客が入ってこられない感じですね。うちのようにスタッフが女性しかいないお店にとっては、そこが安心材料でもあります。

それと、細かいことですが、よそのビルなどでは、家賃の他に「エレベーターの使用料」とか、「ゴミ捨て場の使用料」とか、「お店の看板料」とか、そういう細々とした名目で月々請求がくるようなビルもあるらしいです。こちらのビルでは、全部共益費として一括徴収されていますが、そういう細かい請求をしてくるようなビルだと、一見安いように見えても、結局トータルでは大差なかったとか、実は逆に高くついたという話になるそうです。

それと、メンテナンス面などでの対応が早いのもありがたいですね。地震の停電の時に、すぐ復旧の連絡をいただいたというお話をしましたが、日常的にちょっと電球が切れたというようなときにも、すぐに対応してくれます。男性スタッフがいないと、こういうちょっとしたこともすぐにはできなかったりするので、とても助かっています。そういう、ビル側との信頼関係があるのはすごく魅力的だと思います。

それから、このビルでは各店舗の中にトイレがあるというのが、意外と大きなポイントだと思います。店内にあるトイレだと、私たちテナントが自分の責任で掃除しなければならないのですが、逆に、ちょっとでも汚れが気になったらすぐ自分たちで掃除することができるんだ、と考えることもできます。ビルの共用部にあるトイレだと、そうはいきません。しかも、お店に一人しかいないとき、店を空けてトイレにはなかなか行きにくい。それに、北海道の冬は寒いですから、トイレに行くのにいちいち廊下に出ていては冷えてしまいます。

そういう話を聞いていると、ジャスマックさんのビルは本当にいろいろなことがよく考えられて、すごくいいなと思います。担当者の方も、優秀な「開業アドバイザー」という感じで、いろいろな相談に乗っていただけたので、とても助かっています。

二〇年以上、飲食店経営を続けてきたからわかる、仕事のしやすい理想的な環境。

オイスターラウンジ ＡＲＫＬＯＷ（ＢＡＲ）オーナー　山田貴裕さん

店のオープンは二〇一八年七月で、もうじき一年になります。

名前の通りのいわゆるオイスターラウンジで、「牡蛎を食べながらお酒を飲む。お酒を飲みながら牡蛎を食べる」という、ある意味、きわめてシンプルなコンセプトのお店です。

調味料としては、タバスコソースなどの香辛料系が中心です。一応、欧米などのオイスターバーのように、ケチャップやマスタードで食べることもできないことはありませんが、基本的には、うちの店ではこういう香辛料系のソースを揃えていて、お好みでかけていただくというスタイルになります。

お客様の年齢層は比較的高く、四〇代から五〇代くらい、私と同世代くらいの方が中心です。もちろん、二〇代、三〇代のお客様も中にはいらっしゃいますが、いわゆる「お給料をいただく側」の人よりも「お給料を渡す側」の人のほうが多いと思います。

道外からのお客様も四割程度いらっしゃいます。大抵はお仕事で札幌へ出張に来られた方で、例えば最初は地元のお客様に連れてこられてご来店されたのが、次回からはお一人で来られるようになったり、もしくは、また別の新しいお客様を連れて来てくださることもあります。ビジネスの接待などにもご利用されるケースもあり、そうやって、少しずつ口コミで評判が広がっている状況です。

当店の牡蛎料理は、他の店ではちょっとお目にかかれないような物だと自負しています。いわゆる「オイスターバー」でなく、敢えて「オイスターラウンジ」と謳っている理由は、「少なくとも三種類以上の牡蛎を常に用意している店でなければ、オイスターバーとは呼べない」と個人的に定義しているためで、当店はその定義からは外れているからです。また、

オイスターラウンジ ARKLOW（BAR）
オーナー　山田貴裕さん

〒064-0806
北海道札幌市中央区南6条西3丁目6
ジョイフル酒肴小路 4F
電話番号 011-206-7877

https://www.jasmac.co.jp/build/oyster-lounge-arklow-bar/

値段的には決して高いほうではありませんが、店の雰囲気としてちょっと高級志向と言いますか、落ち着きのある大人の空間に馴染んでいただけるような年齢層の高いお客様に来ていただきたいという意図があって、「ラウンジ」という名前を付けました。単に年齢層が高いというだけでなく、落ち着いた雰囲気が好きで、お酒の好きな方ですね。

牡蛎料理にしても、料理単体を味わっていただくというより、お酒の好きな方に飲みながら食べていただくことを想定しています。私は、牡蛎にはウイスキーが一番合うと思っているので、ウイスキーは国内外のいろいろな銘柄を選んでいただけるように取り揃えています。一応、白ワインとかシャブリなども用意していますが、基本的にウイスキーを注文される方が多いようですね。時間をかけて、おつまみを味わいながら、じっくり楽しんでいただく。そうすることで、牡蛎の単価は安くても、お店の利益率は高くなります。

牡蛎の産地は、地元・北海道の厚岸のものしか置いていませんが、ここの牡蛎は一年中食べられるので有名です。牡蛎の仕入れは、漁師の方と直接契約して送っていただいているので、本当に新鮮で美味しいものだけを取り扱っております。また、牡蛎の保存状態はもちろん良好ですが、食べるお客様の体調によっては、例えば生食はお止めして、火を通したものをお出しするようにしたりしています。やはり、免疫力が低下しているときに食べると、万

一の事故ということも考えられますから。

牡蛎の仕入れルートである漁師の方とは、もともと以前からおつきあいがありました。と言いますのは、オイスターラウンジという業態こそ初めてですが、私はこれまで二〇年以上、飲食店経営に携わってきましたから。このお店を始める前までは、道内にスープカレーの店を何店舗か経営しておりました。ちょうどオイスターがブームになってきたことで、今、こういう店を造ったら受けるんじゃないか、ということを考えて商売替えを決断しました。

一つには、スープカレー屋さんというのは、一時期の新規開店ブームを過ぎて、最近はお店が減ってこそいないものの、現状維持のような感じで、ネームバリューのある老舗のお店ばかりになってきています。そういう状況で、どうせ新しく商売を始めるなら、ということでオイスターラウンジをやろうと考えたんです。

こちらの「ジャスマック札幌ビル」に出店を決めたのは、もともと大人数を使うような大きな店をやりたくなかったという理由があります。自分一人でもできて、人を使うとしても少数精鋭で、お客様も多くて一五人くらい、二〇人は絶対に入らないくらいの大きさでやりたい。昔からそうでしたが、そういうやり方が合っているみたいです。

ですから、ここを始める前に持っていたスープカレーの店は全部売却しました。今はこちらのお店だけになりました。

こちらへ出店を決めるまでは、五、六店舗は見て回ったと思います。やはり、こういう業態なのですきのというう立地にはこだわりました。そうした中で、立地といい店舗の大きさといい、条件にぴったりと合っていました。また、以前の商売では、例えばスケルトンで借りて一から内装を造っていったりして、初期投資や時間がずいぶんとかかっていましたが、ここでは最初から全部出来上がっている。もう、営業許可証と食材さえ入れたらすぐに商売を始められます。時間とコストと労力を大幅に削減できる。そこが大きいと思いました。実際、契約してから営業開始まで一週間もかからなかったくらいです。まあ、私も新規開店には慣れていましたから、初めてだったらこうはいかなかったでしょうが。

このビルを見学したのは、実は探し始めて最初の一棟目だったんですが、その時点で自分の中では八割九割までここで決まりだろうと思っていました。念の為、さらに数軒見て回りましたが、やはりここ以上の物件はありませんでした。

ジャスマックさんの店舗の特長として、「食べ物も出せるし、バーとしても成り立つ」という造りになっている点が、よその店舗ビルとは一番違っていると思います。厨房がしっかりしているから、本格的な料理もつくれる。なおかつ、カウンターと客席との距離感やバランスもいいから、バーとしても成り立つ。厨房が広くて客席が狭く、店の人間が一人でも十分対応できるという点も、私にとっては仕事がしやすい環境で理想的でした。

基本的に、将来は多店舗展開するとか、事業拡大するということは考えていません。それはもう過去にやってきたことですから、そういうのはもういいかなと思っています。

やりたい店舗のイメージを固め、辛抱強く探し続けた上で出会った最高の物件。

新スタイル鉄板焼き YANAGI オーナー 堂本靖二さん

オープンは二〇一七年五月九日。先日、無事に開店二周年を迎えました。

それまでもずっと飲食店での仕事を続けてきて、トータルでは二〇年以上になります。もともとはイタリア料理の店に九年ほど在籍していたんですが、その中でもトスカーナ料理という主に肉を扱った料理が中心でした。そこでは肉料理に触れる機会が多く、肉という食文化に対して興味を持ちました。

一方で、日本には「和牛」という素晴らしい食材と文化があります。やがて和牛のことを勉強したくなった私は、鉄板焼きの店に移ることにしました。そこは「いしざき」というお店で、札幌でも一、二を争うくらいの鉄板焼きの有名店でした。

「いしざき」では調理担当ということで働かせていただき、そこにも九年ほど在籍しており、最終的には姉妹店の店長を任されるまでになりましたが、いつかは独立して自分の店を持ちたい、という気持ちはずっと抱いていました。続けていくうちに、どういう形の店をやりたいのかというビジョンも固まってきて、五年くらい前から資金面や人脈づくりなど、具体的な開店準備も進めてきました。ただ、その準備期間の中で一番苦労したのが、やはり店舗となる物件探しでした。限られた資金の中では、なかなか「これ」という物件が見つかりません。自分の中で「こういう店をやりたい」というイメージがあったので、そこは妥協したくありませんでした。やはり、ある程度の客単価が見込める高級店にしたかったので、例えば、そのへんの居抜きの店舗とか、汚いビルのようなところには入りたくなかったんです。

鉄板焼きという業態は、ほかの飲食店とは違って、空調と鉄板に莫大なコストがかかります。下手をすればこれだけで一〇〇〇万円近くかかってしまう。そうなると、条件に適う場所はほとんどなくて、辛抱強く物件探しを続けるしかありませんでした。

そんなときに、たまたまどこかの看板か何かで、ジャスマックさんの「店舗銀行」というシステムを知ったんです。それで興味を持ってネット検索で調べてみたんですが、その時点では坪数の小さな店舗ばかりで、私が探していた条件に合う物件は見当たりませんでした。でも、この「店舗銀行」という仕組みは、もし私の希望をある程度取り入れてくれるなら、非常にやりやすいと言いますか、自分の考える形にできるのではないかと思って、問い合わせてみることにしました。すると、案ずるより産むが易しというか、思ったよりも感触がよくて。

ネットに掲載されていた物件はだいたい一五坪以下の店舗ばかりでしたが、こちらが「これくらいの単価で、これくらいの席数で、坪数はこれくらいで」という条件を出して相談したところ、この「ジョイフル酒肴小路」なら何とかなりそうだということがわかりました。

準備期間は五年かけたと言いましたが、最初の二年間は具体的な計画と資金調達に終始し、物件探しを始めたのは三年目くらいからです。ジャスマックさんに初めて相談したのは確か四年目でした。鉄板焼きの店舗を造るためには、排煙ダクトを屋上まで通さなければならないとか、ビルそのものの構造にもいろいろと条件がつきます。このビルならそうした条件面もクリアできそうだということで、ようやく計画が具体的に動き出しました。それか

新スタイル鉄板焼き YANAGI
オーナー　堂本 靖二さん

〒064-0806
北海道札幌市中央区南6条西3丁目6
ジョイフル酒肴小路 4F
電話番号 011-215-0296

https://www.jasmac.co.jp/build/yanagi/

ら、設計会社さんと内装デザインも含めて打ち合わせをして。偶然ですが、そこのデザイナーさんは以前、私が働いていた「いしざき」の店舗の改築をお願いした設計会社から独立されたという経歴の方で、鉄板焼きの店舗というものを詳しくご存じだったので、話が早く、こちらの好みやイメージをすんなり共有できたのはありがたかったですね。

お陰様で、契約してからだいたい半年後にはオープンにこぎつけることができました。

オープン当初は、やはり今までおつきあいのあったお客様が足を運んでくださり、新規のお客様はぼちぼちという感じでしたが、だんだんとご贔屓にしてくださるお客様も増え、今は常連のお客様が七割くらいでしょうか。地元の方はもちろん、定期的に出張で札幌に来られるたびに立ち寄ってくださる常連のお客様もいらっしゃいます。ご新規のお客様では、誕生日や記念日などの特別な日に来店される方、後は接待などでもご利用いただいております。海外からのお客様もいらっしゃいますね。

食材は完全な地産地消で、うちでしか取り扱っていない牛を直接農家から仕入れているケースも少なくありません。店の看板にも「ニュースタイル鉄板焼き」と謳っている通り、当店では伝統的な鉄板焼きの良い部分を継承しつつ、さまざまな調理法を採り入れて、より素材を活かした新しいスタイルの鉄板焼きを追求しております。たぶん、北海道でもこれだ

けの品数を食べられる鉄板焼きのお店は他にないのではないかと自負しています。

例えば、「こぶ黒」というのは、新ひだかの三石のまつもと牧場さんだけで生産している、日高昆布を餌に育てた黒毛和牛です。生産頭数が少なく、市場に出回らないので、直接牧場から仕入れないと入手できません。もう、全国のバイヤーさんから引っぱりだこの有名ブランド牛なんですが、私は牧場に自分の経歴を送って、「こぶ黒をうちの店で扱わせてほしい」ということを体当たりでお願いしてみました。たぶん、今ほど全国区で有名になる直前のタイミングだったということもあるのでしょうが、幸い、牧場との信頼関係を築くことができて、こうして今でもお店で提供することができるようになっています。鉄板焼きに使う部位の肉としては、道内でうち以外の店では食べることができません。

また、ジャガイモも「五四〇」という品種、これは五四〇日間、つまり一年半かけて熟成したジャガイモですが、これも一般小売はされていない、レストラン専用の品種です。こうした地元の貴重な食材を仕入れるルートを開拓し、お客様に提供しています。やはり、こういう食材探しは楽しいですし、お客様に喜んでいただけるのでやりがいもありますね。

うちへいらっしゃるお客様の場合、鉄板焼きというスタイルに慣れている方が必ずリピートしてくださるので、そこはすごくありがたいと思っております。そこが強みでもあります。同業の方もけっこういらっしゃいますし、皆「おもしろいね」とおっしゃってくださいます。

一般的な鉄板焼きの店では、鉄板で焼くところはもちろん見られますが、その前段階の調理は見せないところが多いんです。そのほうがすっきりして、きれいに見えますから。でも、うちはそういう部分も含めて全部オープンにしている。そういう狙いの造りになっています。

現在、スタッフは私を含めて五人いて、常時三人体制で回していますが、焼きの部分はすべて私一人で担当しています。当面はこれでいくつもりですので、休めませんし、体調管理にも気を遣わなくてはいけませんけどね。

客席は一二席で、完全予約制です。営業時間は一七時から二三時まで。私一人で焼きを担当しているので、時間をずらしてでもこれくらいでないと回りませんから。無理に詰め込んで、サービスの質が下がるのは本末転倒だと思っています。

もしジャスマックさんの「店舗銀行」システムと出会っていなければ、こういうお店は造れなかったと思います。たぶん、予算的には居抜きの店舗か何かで、もっとカジュアルというかチープな店になってしまっていたのではないかと思います。あれが分岐点でしたね。

これから自分のお店を出したいと考えている方に私から申し上げるとすれば、一日一日を自分の信念を持って、どれだけ真摯に過ごすかが重要だと思います。見る人は見てくれていますから。毎日前に進んでいれば、必ず成果は出るはずです。まず一歩を踏み出すこと。一歩踏み出したら、後はいいことも悪いことも、全部自分次第だと思います。

自分のイメージ通りの店舗に一目ぼれ。今はまず、この店を常に満席状態にしたい。

大衆割烹 しょうや オーナー　山下洋介さん

このお店は二〇一九年二月一五日に開店いたしました。その直前、一月二〇日まで前の職場で働いていましたので、独立して初めて自分の店を持ったというところです。

私は高校を出て札幌市内のホテルに就職し、約二〇年間ずっとそこに勤めていました。職種は和食処の厨房スタッフです。その後、すすきのの居酒屋へ移って、約一〇年。社会に出てから三〇年間というもの、一貫して飲食に関わる仕事を続けてきました。もう何年も前から、いつかは自分の店を持ちたいという思いはずっと温めてきましたが、具体的に独立を考え始めたのは二〇一八年の夏頃です。それからオープンするまでの間は、半年も経っていないくらいですね。

自分のお店を持つということで、実際に物件を探し始めてから二〇軒くらいは見て回ったでしょうか。主にすすきの周辺で、後は郊外のほうも少し見てみましたが、なかなか「これ」という物件には巡り合えなかったんですが、その中で、こちらの「ジョイフル酒肴小路」の五階の店舗も一度見学させていただいたことがありました。その時にも「いいな」と思ったんですが、もう少しいろいろ探してみたいと考えて見送ったんです。その後、今うちの店が入っているこちらの三階の店舗が空いたということで、もう一度見に来ました。

同じビル内の店舗なんですが、完全に同じ間取りじゃなく、一軒一軒微妙に違うレイアウトになっていて、細かい寸法なんかも違うんです。キッチンの広さとか、客席との距離とか。最初にここを見たときには、よそのお店が入っていて、ちょうどバタバタしていたところだったので、「入ったばかりなのかな?」と思っていたら、「退去するところです」ということだったので、これはちょうどいいタイミングで空いたものだと思いました。よその店舗も拝見させていただいたのですが、やはり一番しっくりきたのがここでした。

ジャスマックさん以外のビルも含めて、私が見て回った二〇軒は大抵居抜きの物件だったんですが、ここが一番きれいで、広さも申し分ないし、何より正面のガラス張りになっている部分がとても気に入っています。一目ぼれと言っていいかもしれません。もう、見た瞬間、「ここだ!」と思いました。それが二〇一八年の九月頃だったと思います。

それから、前の職場と相談して退職の時期を調整いたしまして、一月二〇日まではそちらで働くということで、二月一日に正式に契約する形になりました。といっても、内装はほぼできている状態ですし、看板やら什器の搬入やらで約二週間かかって、一五日のオープンにこぎつけたわけです。

当店は北海道の地酒がメインで、日本酒は常時三〇~四〇種類くらいの銘柄を取り揃えています。お客様にはいろいろな種類のお酒を楽しんでいただけるように心がけ、料理も日本酒に合うものをということで、北海道のさまざまな旬の食材を味わっていただけるお店になっています。

準備期間が正味二週間というと驚かれることもありますが、何しろお店の内装はもうできているようなものですし、厨房の機材もほぼ揃っています。食器とか食材の仕入れくらいですから、やると決まれば早いですよ。初めてのお店といっても、飲食業界にはもう長年いた

大衆割烹 しょうや
オーナー　山下洋介さん

〒064-0806
北海道札幌市中央区南6条西3丁目6
ジョイフル酒肴小路 3F
電話番号 011-522-7355

https://www.jasmac.co.jp/build/syoya/

ので、だいたいのところはわかっていますから。

店舗という器があらかじめ用意されているから、どんなお店にしようかと悩むこともなく、イメージはすんなり固まりました。逆に、もともと頭の中にあったイメージと、この店舗の形が合っていたということもあります。

例えば、スケルトンのように一から店舗づくりをしなければならなかったとしたら、それはそれで面白かったかもしれませんが、費用も時間も何十倍、何百倍もかかっていたでしょう。それだったら、こういうところのほうが自分には合っているんだろうなと考えました。

お店の客層としては、やはり四〇代から五〇代のサラリーマンのお客様が多いですね。お酒にしても料理のメニューにしても、そういうサラリー

マンの方のお好きなものが中心ですので、そういう口コミとかお仲間内の紹介ですとか、後はネットで検索されておいでになる方もいらっしゃいますね。地元の会社の方が、東京などから出張で来られた方を連れて来てくださったり、食べログなどをご覧になって来てくださる方も大勢います。

また、よその店舗も含めてこのビル全体に言えることなんですが、基本的に客筋がいいと言いますか、あまりここの雰囲気に馴染まない方は来られないんですよね。何というか、その、たちの悪い酔っ払いとか。そういう客筋のいいビルに入ることができたのは正解だったと思います。

まだ開店して数カ月ですが、今のところ、お店は基本的に私一人で切り盛りしています。木曜日だけ、妻が手伝いに来てくれるという形で。それこそ将来的な展望を言えば、人を雇ってとか、二号店をということもまったく考えていないわけではありませんが、まずはこの店をしっかりと、常に満席状態になるような繁盛店にすることが目標です。

営業時間は夕方六時から早朝三時まで。平均的なパターンとしては、午後七時、八時台に仕事帰りのサラリーマンのお客様がおいでになって、その後、夜の一一時台くらいになると、すでにどこかで飲んでこられたお客様が二次会としておみえになります。で、一時過ぎくらいには、同業者の方とか、夜のお仕事の方が仕事を終えて飲みにいらっしゃいます。休日前などは閉店まで飲んでいかれるお客様もあって、平均して一日二回転、多いときで三回転することもあります。

ジャスマックさんの葛和会長の本も読ませていただきましたが、この「ジョイフル酒肴小路」を初めて見学に来た時、渡された小冊子がありました、そちらはもう何度となく読み返しました。いろいろと参考にさせていただいております。

とにもかくにも、この数カ月間無我夢中でやってきましたが、この「店舗銀行」のシステムというのはやりやすいと言いますか、やはりいいなと思います。自分が今、これまで思い描いていた通りの道を進んでいけているんじゃないかと実感します。

これからお店を始めようとお考えの方に対しては、とりあえず、やりたい気持ちがあるならやったほうがいいと思います。迷っているなら、一度その目で見たほうがいい。見て、話を聞いてみるのも悪くないと思いますね。後は、あまり無理をしないように。これは自分自身に対しても思っていますが、あまり入れ込みすぎてもいいことはありません。自分にできる範囲で、気楽にやってみたらいいいんじゃないかと思います。

リタイア後は好きなお店を。いつかやりたいと思い続けて、その「いつか」が来た。

味弌ａｊｉｔｏ（飲み喰い処）オーナー　岩崎弘さん

当店のグランドオープンは二〇一八年一一月一七日。かれこれ半年余りが過ぎました。

私は建築業が本業で、そちらは今も籍は置いておりますが、本業のほうはどうやら後継者が育ってきたので、もう引き継ぎもほぼ済んでいるような状態です。もとはといえば、私の親が飲食店を営んでおりまして、私自身も二〇代の頃には飲食の仕事に従事していたことがあります。飲食店は給料が安いということで、勉強して建築の仕事に就き、これまでずっとやってきたわけですが、それでも「いつか、そういうときが来たら、自分で店をやってみたい」という気持ちは心のどこかで常に持ち続けてきました。建築の仕事でも飲みに出かける機会は多いですし、いろいろな店を見て、自分だったらどうするか、ということはよく想像していました。そして今回、いよいよその「いつか」がやって来た、と思っております。本業のほうは後継者に譲って、残りの人生は好きなことをやってみたい、という感じですね。

それで、当初は自分で建物から建てるとか、そこまではいかなくても、スケルトンで内装まるまる全部造るとか、そういうことも考えないではなかったです。ただ、私はなまじ建築をやっていますから、図面を引いて、試算して、ああ、これだけお金がかかるんだな、と。造れば造れるでしょうが、店がオープンしてすぐ繁盛するわけでもありませんから、とうてい採算が合わないなと、早々にその考えは捨てました。

それで、具体的に物件を探し始めたのは、オープンの一年くらい前からです。自分が普段利用しているような店も含めて、あちこち見て回りました。そうした中で、ちょうどこちらの「ジョイフル酒肴小路」が竣工してまだそれほど経っていない頃でしたか、空いている店舗を上から下まで全部見せていただくことにしました。ここがちょうど駅前通りから一本奥

味弋 ajito (飲み喰い処)
オーナー　岩崎弘さん

〒064-0806
北海道札幌市中央区南6条西3丁目6
ジョイフル酒肴小路 7F
電話番号 011-211-8110

https://www.jasmac.co.jp/build/ajito/

に入ったところで、比較的静かな落ち着いた環境だったことも好材料でした。

ひと通り見た中で、一番自分のイメージに合っていたのがこの七階の店舗でした。ここは最上階なので、天井を高く取れるということがポイントでした。下の階だとこれだけの高さは取れませんから。

よく、お店をやるなら一階がいい、二階がいいとおっしゃる方が多いと思います。でも、私は本業のほうの知り合いで、こういうお店に来ていただける方がたくさんおります。その方たちが、せっかく足を運んでくださったのに満席で座れないとか、そういう場所にはしたくありませんでした。最上階の店だと、通りすがりにふらっと立ち寄るお客様もそんなにいないので、その意味でも都合がよかったという理由もあります。知り合いのお客様がその知人を連れてこられたり、仕事の接待に利用されたりもしますので。ちなみに今、当店のスタッフは私ともう一人、小林という女性の二人体制なのですが、その小林のほうに店長を任せています。最終的には、店長の判断でここに決めました。他の店も店長と一緒に見て回ったんですが、キッチンの使いやすさとか、四人掛けのゆったりしたテーブル（下の階だと二人掛けのテーブルを置いているところもあります）、白木のカウンターと木目を活かした調度など、若い女性客にも人気が出そうなところもいいな、と。そのおかげか、最近は女性客の比率が高くなってきたように思います。

「ａｊｉｔｏ」という店名でおわかりのように、当店のコンセプトは「隠れ家」です。にぎやかに騒ぐようなお店ではなく、静かに落ち着いた雰囲気でお酒と食べ物を楽しんでいただけるお店。お客様の年齢層はけっこう幅広く、二〇代の女性が三人連れくらいでいらっしゃることもありますが、常連はだいたい五〇代以上の男性が多いですね。ほかには、近所のスナックの同伴で使っていただいたりとか。皆様、おいでになると三時間くらいはゆっくりしていらっしゃいます。

食事に関しては一般的な居酒屋メニューが多いんですが、その中でも自分たちなりに工夫しておすすめに出しております。やはり、北海道ならではのザンギですとか、ホッキ貝とか、後は串焼き

などですね。特に珍しいものではなくても、ビール片手に、家庭的な雰囲気を楽しみながら、居心地の良い落ち着いた時間を過ごしていただきたいと思っております。

営業時間は一七時から二四時まで。深夜まではやっておりません。

一日当たり平均して一〇人から一五人くらいのお客様がお見えになりますが、たまに常連方で貸し切りにしていただくこともあります。

今回、たまたまジャスマックさんの「店舗銀行」システムを利用することになりましたが、当初は居抜きか何かで手頃な物件がないかと探していました。そういう中でこちらを選ばせていただいたのは、デザインがいいということはもちろんですが、厨房機器も全部ついていて、初期費用をかなり軽減できるということもありました。その浮いた分、食器などもちょっと高級感のある物を購入しまして、それが女性客の人気にもつながっています。

店長もたいへんここを気に入っており、一目ぼれしたような感じだったと言っています。

彼女はもともと私の知り合いで、以前は違う店で働いておりましたが、そこはかなり勤務時間も長くて体力的にきつかったと相談されました。それもあって、この店も二四時にはきっちり閉めるようにしました。飲食業の経験は豊富だし、料理も上手いし、センスもある。非常に助かっています。

私の場合、リタイア後を悠々自適にこの店を営んでいければというくらいで、特にこの事業をこれからどうしたいとか、二号店を出したいとか、そういったことは何も考えておりません。そういうことは考えなくてもいいのが、このシステムの良さでもあると思っています。

ただ、店長はまだ若いですから、将来的にもし、彼女が独立開業したいと希望するのであれば、ここの「店舗銀行」というのは、確かに独立しやすいシステムだと思います。

《OWNERS VOICE》

前項ではジャスマックの「店舗銀行」システムを利用して、実際に出店に至った経営者サイドの生の声をご紹介させていただいた。それに対して、オーナーサイドではどのように考えているか、これも当事者の声をいくつかご紹介しておこう。

シェアビジネスで収益を得て、別のシェアビジネスに活用するスタイルを実現できた

ホテル利用学研究家・ブロガー　resortboy 様（ハンドルネーム）

私が「店舗銀行」システムという仕組みを知った最初のきっかけは、確か二〇〇四年のことだったと思います。当時、私はある外資系の巨大ＩＴ企業の日本法人の仕事を請け負って

おり、二〇〇〇年から二〇〇四年にかけてはＷｅｂサイト制作を手がけるチームを組んでいました。ところが、この年に本国からの指示により、日本法人の組織変更に伴う体制の変化があり、私たちのチームはそこの仕事から外されてしまったのです。とても小さいチームだったので……当時は非常に悔しい思いをしたものです。

それで、新しくお客様を探す必要もあり、自分がそれまでにやってきた仕事を世の中に向けて発信していきたいと考え、第三者にできるだけわかりやすい表現方法を勉強するため、いろいろなビジネス書を読みあさりました。そのとき読んだ本の中に、前の年に出版されたジャスマックの葛和会長の著書（『お金持ちになれる宝の山のありかとは？―国も会社も頼れない時代、生涯続く「無限の富」を得る黄金の法』二〇〇三年一一月 葛和満博著／経済界刊）がありました。

余談になりますが、葛和会長のお孫さんと私の子どもたちは、たまたま同じ音楽教室に通っていて、以前から存じ上げていました。そんなご縁もあり、また、タイトルにも興味を惹かれて手に取ってみたのですが、これが実に〝面白くて、ためになる〟内容の書籍でした。

新書版のコンパクトなサイズの本だったのですが、そこに「資本と経営を分離して～」というようなジャスマックさんのビジネスモデルが書かれていたわけです。一読して、「これは、私たちがやっている仕事をそのまま表現しているようだ……」と思いました。

どういうことかと言うと、少し説明が必要です。私が専門としているＷｅｂサイト制作という仕事は、一枚岩のようにまとまった組織構成で進められる仕事のように思われるかもしれませんが、実は案外、ジャスマックさんのシステムとも共通する手法でつくられているものなのです。ジャスマックさんのシステムにたとえて言いますと、「係数」というキーワードがあり、いろいろな数字を予測して計画した上で店舗づくりをして、その資本と、実際のプレーヤーである店長とを分けて運営していくわけですが、私たちのＷｅｂサイト制作でも同じような部分があります。Ｗｅｂサイト制作の場合、いわゆる装置産業と言いますか、サーバーやインフラなどの装置に対して大量の資本を投じることから始まります。そして、その上に乗っているコンテンツの部分が、店舗で言えば経営に当たります。この装置（＝ハード）の部分と、コンテンツ（＝ソフト）の部分が完全に分離していて、その中間に、私たちのような小さなＷｅｂ制作業者が活躍する余地があります。そこで一番大事なのが「どういう手法でコンテンツを制作していくか？」ということなのですが、この構造はジャスマックさんの「店舗銀行」システムとも共通するのではないか？　ということに気が付いたんです。

私たちは、そういうふうに仕事をしてきて、その結果、大きな仕事も取れるようになっていきました。そのときにやってきたことといえば、ジャスマックさんのシステムで言えば、自分たちは資本も持っていなければ装置（＝店舗）も持っていないわけで、できるのは中身のコンテンツをつくる技術だけです。つまり、お店で料理をつくってお客様をもてなす店長としての仕事と同じです。それが、Ｗｅｂサイト制作というプロジェクトを進めていく中でインフラと分離しているから、私たちは運営のプロという立場で、ある程度大きなプロジェクトも回していくことができたわけです。

ところが、それが二〇〇四年の組織変更によって、そのような資本と経営が分離したビジネスモデルが不可能になってしまいました。全部を大きな会社組織に任せるという形である大資本傘下の会社に発注が決まってしまったため、私たちのチームなどは箸にも棒にもかからなかった、という非常に悔しい思いをしたのです。

そんな失意の中で葛和会長の本を読んでいたら、そこにはまさに「資本と経営の分離」というビジネスモデルについて説明されており、ジャスマックさんはその間をつなぐ「店舗銀行」という仕組みをつくっているということが書かれていたものですから、大変感銘を受けました。そのことに加えて、家族のご縁で以前から存じ上げていた方だという安心感もあって、私もジャスマックさんに投資させていただくことにした、というのが理由の一つです。

理由はもう一つあります。私はリゾート会員権というものが好きで、ホテル研究のブロガー活動を以前より続けています。リゾート会員権というのは、分譲されたホテルの区分所有権を行使することで、いろいろなホテルに安定的に安価に泊まれるという仕組みなのですが、これも一種のシェアビジネスと言えると思います。それで、二〇〇四年に「店舗銀行」システムのオーナーになるのとほぼ同時期に、その区分所有権で――一室の何十分の一といった細かい単位ですが――ホテルのオーナーにもなりました。何故そういうことをしたのかと言えば、先ほどジャスマックさんのビジネスモデルについて共感して感銘を受けたと申し上げたのと同じ理屈で、これは私がＩＴの世界でやってきたことと共通する仕組みだと思ったからです。例えば、Ｗｅｂメディアが必ずと言っていいほど利用する「レンタルサーバー」というのは二〇数年前から存在していますが、これはサーバーをシェアすること、つまりはシェアビジネスです。私はシェアビジネスを当たり前のようにずっと利用してきていたんです。

もっと身近な、例えば自分が住むところにしても、自分で所有するばかりではなく、賃貸物件を利用されている方も多いでしょう。それ自体はシェアという感覚とは少し違うかもしれませんが、何もかも自分で所有する必要はない、という意味では共通のことだと思います。一般的なサラリーマンの場合、自分で所有することにこだわってご自分の資金をマイホームに集中投資される方が多いようです。でも、ジャスマックさんの「店舗銀行」のオーナーになれば配当家賃が入ってきて、それをいろいろなシェアビジネスに利用することもできる、そういうモデルを実践することも可能になるわけです。

私の場合、配当家賃をもとに、好きなところに住める――と言っても、さすがに住み続けられるほどの大きなオーナーではないので、せめて週末ごとに好きなホテルに泊まって過ごす――そういうことが可能になるというイメージを持っていました。

別荘を買う代わりに、ジャスマックさんのオーナーになって、その配当家賃でホテルの会員権という別のシェアビジネスに投資して、そこのホテルチェーンのリゾート地に週末ごとに泊まる。そういうライフスタイルを、二〇〇四年頃から実際に続けています。そうした実体験を前述のブログに綴って、いろいろな方にご覧いただいている、というところにつながってくるわけです。

今、私が会員権を持っているのは会員権業界では最大手のホテルチェーンですが、そこの会員になって安定的にホテルを利用できるようになったのは、「店舗銀行」のオーナーになったことで初めて実現できたのだと思います。言ってみれば、シェアビジネスに投資して、そこからの収益で別のシェアビジネスを利用する、というイメージです。

昔はシェアビジネスという言い方はあまりありませんでしたが、「不動産の有効活用」という意味では、相通じるものだと私は考えています。

ジャスマックさんの運営しておられる「店舗銀行」の中で、私がオーナーになったのは、今では「ジャスマック札幌」という名前になっているビルの一区画です。ビル自体は一度見に行ったことがありますが、お店の中にまでは入ったことがありません。そうする必要も特にないだろうと考えてのことです。

聞くところによると、物件が近場にあるオーナーさんの場合、普通にお客さんの一人としてこっそりお店に入っておられる方もいらっしゃるようですが、そこでわざわざ「自分がオーナーだ」などと名乗る人はいないらしいですね。私もそういうものだろうと思います。

これをかれこれ一五年続けてきましたが、「店舗銀行」システムというのは満期もありませんし、しっかり維持管理をされていらっしゃるので、少なくとも建物としての耐用年数が残っている間は契約どおり履行していただけるものだろうと認識しています。

私がこういうことをしている――つまり、シェアビジネスで得た収益を別のシェアビジネスに活用しているということは、別に隠すようなことではありませんし、聞かれれば誰にでもお話ししていますが、自分からこれを宣伝したり、わざわざ他人に勧めたりということはしていません。やはり、お金に関する話はデリケートなものですし、人によって価値観や考え方は違いますから。私自身と同じように、たまたまこういう本に出会われた方が、ご自身で勉強されるのがよいと思います。

もちろん、良いものだからたくさんの方に知っていただきたいという気持ちは私にもありますが、どのような形で知っていただくのがいちばん良いことなのか、そこの判断が大変難しいと思っていますし、それはこれからのジャスマックさんの課題でもあると思っています。

例えば、創業者である葛和会長はまだまだお元気でいらっしゃいますが、ご年齢的に後継問題というものも考えはじめる時期に来ているでしょうから、今後どうされるのかといったことについては、当事者の一人としては気になるところです。

リゾート会員権というビジネスについても、ジャスマックさんのビジネスとは業態はかなり違いますが、本質的な部分でかなり共通しているところがあると思っています。シェアビジネスを運営していく上では、運営側がもうかるような仕組みを継続的につくっていかないといけません。運営会社がきっちりともうかっていてこそ、良いシステムとして長く運営できるので、時代の変化に応じた仕組みのバージョンアップが、「店舗銀行」にもリゾート会員権にも必要でしょう。

両者に共通する課題としては、例えば、空間をより有効に活用する手法に取り組むというテーマがあると思います。最近では働き方改革の影響もあって、日単位や時間単位で空間をシェアするビジネスモデルが多彩になってきています。お店にしても、ホテルにしても、住まいにしても、そういうやり方で非常に高収益に、数時間単位で空間を切り売りできるというふうに、シェアの単位がどんどん変わってきている時代です。ITを駆使して、時間の粒をどんどん小さくしていくような方向に進んでいる。それは、ジャスマックさんのビジネスにとっても、大きく発展できるチャンスでもあると思います。（談）

以下は、前作『「投資家」にも「経営者」にも小さな飲食店は最強の生き抜く力』の刊行を機に、ジャスマックがこれまでおつきあいのあるオーナー様にお送りした【「店舗銀行」システムへのご意見】というアンケートにご記入いただいたものである。回答者のプライバシーを配慮し、公開できる部分のみを抜粋して列記してみよう。

「会社を定年退職したのを機に、老後の生活安定のためにと、自宅を三階建四室の貸店舗に建替え、自己管理していましたが、その間店舗の補修、家賃の集金、契約の更新、新家賃の交渉、ときには借家人間のトラブルの仲裁等、予期せぬことに心労の折、葛和氏の「店舗銀行」の本に出会い、理念に共鳴。家賃六％の保証、当方の支出は火災保険と固定資産税のみ、他はすべて「店舗銀行」負担との内容に、自己管理に比べ若干収入は落ちるが、精神的負担には代えがたく、所有の三階建貸店舗を売却、ジャスマック店舗を購入。現在は田舎で老妻と四店舗の家賃収入と年金で安心した生活をしています。「店舗銀行」に乗り換えた選択は良かったと思っています」（I様）

「平成一四年に初めて大阪のセミナーに参加させていただき、一六年目を迎えました。『ジャスマック六番館』に参加させていただき、以来一度の入金遅延や未納もなく、日々感謝の念に堪えません。昨今、『レオパレス問題』や『かぼちゃの馬車』等、人の信頼を裏切り、詐欺まがいの横行する業界において、御社の継続的な『信用力』『先見の明』『積み上げてこられた実績』は信頼せざるを得ません。これも、ジャスマック社員の皆様の努力の賜物です。今後もこの信用力に驕ることなく、益々の発展を心よりお祈りし、感謝の気持ちとさせていただきます。いつもありがとうございます！

さて、次回の募集も始まるとのこと、自分自身六七歳になった今、相続的なことで二軒目に参加させていただくとしたら、どのような型の名義が最適か、お教えください。一度考察してみたいと思います」（D様）

「店舗バンクと言っていたときからお世話になっておりますが、この方式の一番のすごいところは、地方の一等地にホテルのようなビルを建て、そこに食事を中心としたお店を入れるところにあります。

オーナー側は、一等地にまるまるビルを建てるほどの大資本（大会社）ではなくとも、お金を有効利用したい。

店舗側も、一等地に自分のお店を持つまでの資金はなくとも、回転の良い場所すなわち一等地で稼ぎたい（腕を上げたい）。

この両方、つまり、お店もオーナーも満足できるものに仕上げたところにすごさがあると思っております」（K様）

「格差・少子高齢化問題等による、停滞したままの社会状況を踏まえながら、これからいかに生きていったら良いのかを考える材料の一つになる本であると確信いたしました。

飲食業界という、単なるビジネス書ではないと思います。急激に変化している社会に向き合いながら、どう生きてゆくのか、読者に問いかけていると思います、答えは各読者の心のうちにあるように思われます。

私は、飲食業の技量を持ち合わせていませんので、「店舗銀行」システムの庶民投資家として、本当に助けられていると実感しております。それは、貴社の強みである、社会の経済動向に踊らされずに地に足がついた経営をなさっていることに起因しています。

葛和様はじめ（株）ジャスマックのスタッフの方々の、今後のご活躍とご発展をお祈り申し上げます」（H様）

紙幅に限りのある関係でごく一部のみの紹介にとどめておくが、投資家であるジャスマック店舗のオーナーにとっても、「店舗銀行」システムは間違いなく価値ある存在だということが伝わったのではないだろうか。

【著者】
葛和満博（くずわ・みつひろ）
1931（昭和6）年満州大連生まれ。戦後大阪に引き揚げ、高等学校卒業まで在住。早稲田大学商学部在学中に貿易会社を興す。1961年アモン商事株式会社を設立、不動産業の経営に携わる。1970年、株式会社飲食会情報管理センターを設立し、「店舗銀行」®システムによる飲食業の管理業務を始める。1980年、株式会社ジャスマックに社名変更し、全国に商業ビル、ホテル、レストランを経営する傍ら、「資本と経営と運営の分離」を基本理論とした独自のマネジメントシステムにより不動産の開発と運営にあたる。
著書に『年利6%貯蓄型不動産投資術』（幻冬舎メディアコンサルティング・2010年刊）、『「生き抜く力」の法則―ネット利回り年6%の財産相続の仕組み』（経済界・2009年刊）、『飲食店のオーナーになって儲ける法』（ビジネス社・1996年刊）、「投資家」にも「経営者」にも小さな飲食店は最強の生き抜く力（ダイヤモンド社・2018年刊）がある。

店舗力＋人間資本＝最強の飲食店
小さな飲食店のための必勝戦略

2020年1月22日　第1刷発行

著者 ―――― 葛和満博
発行 ―――― ダイヤモンド・ビジネス企画
〒104-0028
東京都中央区八重洲2-7-7 八重洲旭ビル2階
http://www.diamond-biz.co.jp/
電話 03-5205-7076（代表）

発売 ―――― ダイヤモンド社
〒150-8409　東京都渋谷区神宮前6-12-17
http://www.diamond.co.jp/
電話 03-5778-7240（販売）

編集制作 ―――― 岡田晴彦
制作進行 ―――― 駒宮綾子
装丁 ―――― 村岡志津加
DTP ―――― 齋藤恭弘
撮影 ―――― 藤八州相（フジスタジオ）・上村幸将（ウエムラスタジオ）
印刷・製本 ―――― 中央精版印刷

ISBN 978-4-478-08469-4

本書は不動産投資の一つの商品である「店舗銀行®」の仕組みについて、その情報提供を目的としたものです。本書の内容は、2019年12月1日現在のものであり、予告なく変更されることもあります。

本書の内容は、正確を期するよう万全の努力を払いましたが、その内容を保証するものではありません。

また、これらの情報によって生じたいかなる損害についても、株式会社ジャスマックおよび葛和満博、株式会社ダイヤモンド・ビジネス企画、株式会社ダイヤモンド社は一切の責任を負いません。

投資に関する最終決定は、ご自身の判断でなさるようお願いいたします。

また、本書に登場する店舗所有者、店舗経営者のコメントについても、あくまでも個人の感想であり、その内容を保証するものではありません。